T0417678

Homes for Modernists

Jan Verlinde &
Thijs Demeulemeester

Lannoo

h( )mes

for modernists

nl

Is een beschermd monument een blok aan
je (verbouw)been? Kan je hedendaags en
comfortabel wonen in een modernistisch huis
dat zijn tijd toont? In Homes for Modernists
kijk je binnen in twintig 20e-eeuwse
architectenwoningen, van Victor Horta over
Léon Stynen tot Juliaan Lampens. Telkens met
veel geduld gerestaureerd, zodat ze gered zijn
voor – hopelijk – de komende 100 jaar.

Wonen in een monument vergt een bepaalde
mindset, zo getuigen de bewoners in dit boek.
'Een architectenwoning restaureren sluit veel
interieurkeuzes uit. We hebben ons aangepast
aan het huis. Niet omgekeerd', zegt Gino over
zijn woning uit 1939. 'Een geschenk om hier
te wonen', noemt Rik zijn geklasseerde, maar
moeilijk verwarmbare architectenwoning uit
1934. 'Je koopt zo'n huis niet om er tabula rasa
van te maken. We zijn verantwoordelijk om
het in ere te houden', getuigt Bram over zijn
imposante betonwoning. 'Je moet het doen
uit liefde voor het pand. Onze boodschap is:
wees niet bang voor een monument', vertelt
een interieurarchitect over haar beschermde
brutalistische rijwoning. Met respect, geduld
en doorzettingsvermogen kunnen moderne
woningen met erfgoedwaarde de monumenten
van de toekomst worden.

fr

Une maison classée est-elle un boulet à traîner
pour son propriétaire ? Est-il possible de
vivre de façon contemporaine et confortable
dans une réalisation moderniste qui affiche
fièrement son âge ? Dans Homes for
Modernists, nous visitons des habitations
d'architectes du XXe siècle, de Victor Horta à
Juliaan Lampens en passant par Léon Stynen.
Toutes patiemment restaurées, de manière,
espérons-le, à affronter les 100 années à venir.

Habiter dans un « monument » exige un certain
état d'esprit, témoignent les occupants des
maisons présentées ici. « Restaurer une
maison d'architectes exclut bien des choix
d'aménagement. Nous nous sommes adaptés
à la maison. Pas l'inverse », dit Gino à propos
de son habitation de 1939. « C'est un cadeau
de pouvoir vivre ici », déclare Rik à propos de
sa maison d'architecte classée, mais difficile
à chauffer, de 1934. « On n'achète pas ce genre
d'habitation pour faire table rase », raconte
Bram à propos de son imposante maison en
béton. « Vous devez le faire pour l'amour du
bâtiment. Si nous avons un message, c'est de
ne surtout pas avoir peur d'un monument »,
commente une architecte d'intérieur au sujet
de sa maison mitoyenne brutaliste elle aussi
classée. Traitées avec respect, patience et
persévérance, les habitations modernes
à valeur patrimoniale peuvent devenir les
monuments du futur.

Is a listed building a thorn in your side,
especially when renovating? Is it possible
to live comfortably in contemporary style
in a modernist house that's showing its
age? Homes for Modernists gives you an
exclusive peek into twenty 20th-century
architect homes, ranging from Victor Horta
and Léon Stynen to Juliaan Lampens. Each
one has been lovingly restored to preserve
it – hopefully for the next 100 years.

As the home-owners in this book confirm,
living in a listed building requires a specific
mindset. 'Restoring an architect's own
home excludes many interior choices. We
adapted to the house, not the other way
round,' says Gino about his 1939 home.
'It's a privilege to live here,' is how Rik
describes his listed 1934 architect home,
which is stunning but notoriously difficult
to heat. 'You don't buy a house like this to
use as a tabula rasa. We're responsible
for preserving it,' says Bram about his
impressive concrete home. 'You have to do
it out of love for the building. Our message
is: don't be afraid of a listed building,' says
one interior architect about her listed
brutalist terraced house. With respect,
patience and perseverance, modern homes
with heritage value can become the listed
buildings of the future.

Hortus Horta.

Villa Carpentier, Victor Horta's country house in the rolling hills of the Flemish Ardennes, is a masterpiece of *art nouveau* – with a matching garden.

Brussels-based power couple Michel and Olga Gilbert are avid collectors of homes by art nouveau architect Victor Horta, who could be called the Belgian Antoni Gaudí. Villa Carpentier in Ronse brings their tally of Horta homes to four. The picturesque country house in the Flemish Ardennes was built between 1899 and 1901 for textile baron Valère Carpentier, who mainly used it as a holiday getaway and hunting pavilion. Horta (1861-1947) not only designed the residence, but – unusually for him – mapped out the garden as well, although it had later been left to grow wild. Olga Gilbert recently refurbished the overgrown garden with carefully chosen plants and shrubs. The villa has been meticulously restored. That was destined to succeed, with Michel Gilbert's unmistakable passion for Horta's legacy. Villa Carpentier was built in the same period as Horta's own studio home in Brussels, now the Horta museum. The villa is a typical example of art nouveau: a *Gesamtkunstwerk* which dozens of artisans and artists worked on, including Emile Fabry and Albert Ciamberlani. In terms of style, the home leans more towards the arts and crafts movement than the art deco style that Horta would evolve towards later in his career. Strictly speaking, the house is not modernist in design, but the best-known Belgian architect of the 20th century could not be absent from Homes for Modernists. www.victorhorta.be

Horta designed this luxurious weekend getaway and hunting pavilion for a wealthy textile entrepreneur.

fr

nl

Het Brusselse koppel Michel en Olga Gilbert zijn verzamelaars van woningen van art-nouveauarchitect Victor Horta, zeg maar de Belgische Antoni Gaudí. Met Villa Carpentier in Ronse staat de teller intussen op vier. Het pittoreske landhuis in de Vlaamse Ardennen werd tussen 1899 en 1901 gebouwd voor textielbaron Valère Carpentier. Horta (1861-1947) ontwierp niet alleen de woning, die indertijd vooral gebruikt werd als vakantiehuis en jachtpaviljoen. Hij tekende uitzonderlijk ook de tuin. Omdat die sterk verwilderd was, legde Olga Gilbert hem recent opnieuw aan met zorgvuldig uitgezochte flora. De woning zelf is tot in de kleinste details gerestaureerd. Met Michel Gilbert als ervaringsdeskundige voor Horta-patrimonium was dat voorbestemd om goed af te lopen.

Villa Carpentier werd in dezelfde periode gerealiseerd als Horta's eigen atelierwoning in Brussel, nu het Horta-museum. De woning is een typevoorbeeld van art nouveau: een gesamt-kunstwerk, waar tientallen artisans en kunstenaars zoals Emile Fabry en Albert Ciamberlani aan meewerkten. Stilistisch leunt de woning meer aan bij de arts-and-craftsbeweging dan bij de art deco, waar Horta later in zijn carrière naar zou evolueren. Strikt genomen is het huis dus niet modernistisch, maar in 'Homes for Modernists' kon de bekendstew Belgische architect van de 20e eeuw niet ontbreken.

Michel et Olga Gilbert, un couple de Bruxellois, collectionnent les habitations de l'architecte Art nouveau Victor Horta, qui est un peu comme l'Antoni Gaudí belge. Avec la villa Carpentier, située à Renaix, leur compteur est désormais passé à quatre. Cette pittoresque maison de campagne des Ardennes flamandes a été construite entre 1899 et 1901 pour le baron du textile Valère Carpentier. Horta (1861-1947) a non seulement conçu l'habitation, mais aussi le jardin. Comme celui-ci s'était fortement ensauvagé, Olga Gilbert l'a récemment reconstitué en utilisant des espèces soigneusement sélectionnées. L'habitation même a été restaurée jusque dans le moindre détail. Avec Michel Gilbert comme expert du patrimoine Horta, cela ne pouvait que bien se passer.

La villa Carpentier a été réalisée à la même époque que la propre maison-atelier d'Horta à Bruxelles, aujourd'hui devenue musée éponyme. Elle est caractéristique de l'Art nouveau : il s'agit d'une œuvre totale, à laquelle des dizaines d'artisans et d'artistes, comme Émile Fabry et Albert Ciamberlani, ont collaboré. Du point de vue stylistique, l'habitation est plus proche du mouvement Arts-and-Crafts que de l'Art déco, vers lequel Horta évoluera plus tard. On ne peut pas classer la villa Carpentier comme moderniste, mais le plus célèbre architecte belge du XXe siècle ne pouvait pas manquer dans Homes for Modernists.

en

Victor Horta also designed the garden
around Villa Carpentier. Owner Olga Gilbert
reinterpreted his plan while respecting the
original choice of plants.

nl

Victor Horta ontwierp ook de tuin rond
Villa Carpentier. Eigenares Olga Gilbert
herinterpreteerde zijn plan met respect voor
de originele beplanting.

fr

Victor Horta avait aussi conçu le jardin qui
entoure la villa Carpentier. La propriétaire
actuelle, Olga Gilbert, a réinterprété son plan
dans le respect des plantations d'origine.

architecture ID   art nouveau *victor horta* 1901
ironwork plant motifs *stained glass* mosaic
emile fabry albert ciamberlani

Modernist colouring book.

This gem of *New Objectivity* was once the home of architect Jozef Schellekens. A modernist extravaganza of *expressive colours*, compact spaces and daylight.

'It's a privilege to live here,' says interior architect Rik Henrickx, who now resides in the Schellekens House in Turnhout. The exterior of the listed studio home of architect Jozef Schellekens (1909-1963) features a somewhat austere, cubist brick façade. Once inside, the exceptional colour scheme and generous light come as a complete surprise. Schellekens built this duplex in New Objectivity style in 1934, together with writer Theo Op De Beeck, who lived in the left wing. Schellekens received clients at the front. The majestic entrance hall – note the lamppost and Marbrite colour accents – served as a waiting room for his office. He lived in the private section of the house, where the rooms are much more compact but even more expressive in terms of colour. With his own home, Jozef Schellekens made a firm statement, a precursor to what would be called the 'Turnhout School' after the war. Schellekens was a fellow student of Léon Stynen and Renaat Braem, two icons of Belgian modernism whose careers were regrettably more successful. The home can be visited by appointment only. www.jozefschellekens.be

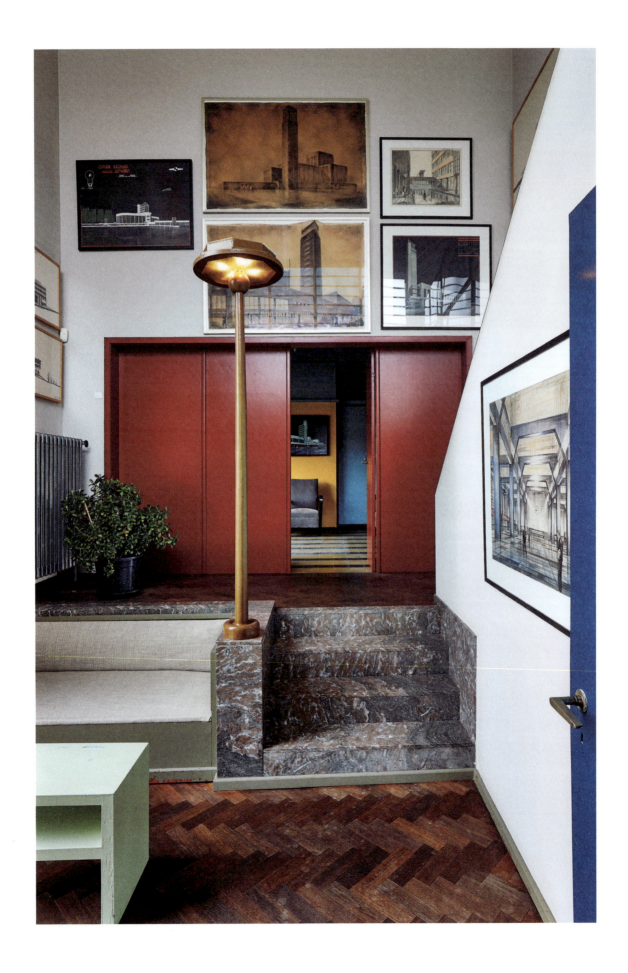

'Living in so much colour is just fantastic. It's also very pleasant to have compact spaces. Something completely different from immense open lofty apartments that lack intimacy.'

fr

nl

'Het is een geschenk om hier te wonen', zegt interieurarchitect Rik Hendrickx, de bewoner van Woning Schellekens in Turnhout. De beschermde atelierwoning van architect Jozef Schellekens (1909-1963) heeft aan de buitenkant een nogal strenge, kubistische baksteengevel. Binnenin zorgen het uitzonderlijke kleurenpalet en het royale licht voor een complete verrassing. Schellekens realiseerde deze dubbelwoning in nieuwe zakelijkheid in 1934 samen met schrijver Theo Op de Beeck, die in de linkervleugel woonde.

Vooraan ontving Schellekens zijn klanten. De majestueuze inkomhal – let op de lantaarnpaal en kleuraccenten in marbriet – diende als wachtkamer voor zijn kantoor. Wonen deed hij in het private deel van het huis. Daar zijn de kamers veel compacter, maar nóg expressiever qua kleurenpalet. Jozef Schellekens maakte een ferm statement met zijn eigen woning, een voorzet voor wat na de oorlog 'De Turnhoutse School' genoemd zou worden. Schellekens was een studiegenoot van Léon Stynen en Renaat Braem, twee iconen van het Belgische modernisme die helaas meer carrière maakten dan hij. De woning is te bezoeken na reservatie.

« C'est un cadeau de pouvoir vivre ici », confie l'architecte d'intérieur Rik Hendrickx, l'heureux occupant de la maison Schellekens à Turnhout. La maison-atelier classée de l'architecte Jozef Schellekens (1909-1963) présente à l'extérieur une façade de brique, cubiste et assez stricte. À l'intérieur, une palette de couleurs exceptionnelle et la lumière, plus que généreuse, créent une complète surprise. En 1934, Schellekens a réalisé cette double habitation dans le style de la Nouvelle objectivité en collaboration avec l'écrivain Theo Op de Beeck, qui habitait l'aile gauche.

À l'avant, Schellekens recevait ses clients. L'imposant hall d'entrée – notez le lampadaire et les accents de couleur en marbrite – servait de salle d'attente. L'architecte vivait dans des pièces nettement plus compactes, mais plus expressives encore du point de vue chromatique. Jozef Schellekens a fait de sa maison un manifeste puissant, qui préfigure ce que l'on appellera après la guerre l'« école de Turnhout ». Schellekens était un compagnon d'études de Léon Stynen et de Renaat Braem, deux icônes du modernisme belge qui l'ont malheureusement éclipsé par des carrières plus réussies. La maison se visite sur réservation.

en

Jozef Schellekens designed this revolutionary
studio home for himself and his partner at the
time. During his lifetime, it was fully renovated
but later completely restored to its former
glory.

nl

Jozef Schellekens ontwierp deze revolutionaire atelierwoning voor zichzelf en zijn toenmalige partner. Het huis werd nog tijdens zijn leven grondig verbouwd, maar is later compleet in ere hersteld.

fr

Jozef Schellekens a conçu cette habitation-atelier révolutionnaire pour lui et sa compagne de l'époque. Après avoir été transformée en profondeur encore du vivant de l'architecte, la maison a été entièrement restaurée.

architecture ID   new objectivity *jozef schellekens* 1934
turnhout school marbrite *expressive colours*
tile patterns

Modern Times.

When Tom Priem and Katrien Jansoone bought the *modernist Debuscher-Declerq House* in Roeselare, back in 1996, they could not have known that the restoration would drag on for more than *20 years*.

In 1932, architect Joseph De Bruycker (1891-1942) designed the colourful semi-detached house for the owner of an adjoining concrete factory. Artist Victor Servranckx (1897-1965) collaborated on the modernist interior, designing the marble floor in the entrance hall as well as the linoleum pattern in the living room on the first floor. However, when the owners bought the house with its raised ground floor, most of the authentic elements had been covered in a layer of fitted carpet, wallpaper or mirrors. The façade, too, was defaced by ugly cladding and aluminium door and window frames. In short, the home was a problem child: it had leaks in various places and the insulation was ineffective. It took this determined duo the patience of a saint to turn back the clock. It was difficult to find the missing materials from the period, since many were out of production. It was even more challenging to update the home's modern conveniences without offending the architecture. For example, the original Cubex kitchen was partly raised, with a view to ergonomics. The result of their two decades of dedication is nothing short of breathtaking. There's a good reason why the home's restoration was awarded the Flemish heritage award *(Onroerenderfgoedprijs)*. 'The former soul is back, but with the standards of today,' owner Katrien Jansoone states.

'When the owners bought the house, most of the authentic elements had been covered in a layer of fitted carpet, wallpaper or mirrors.'

nl

Architect Joseph de Bruycker (1891-1942) ontwierp de kleurrijke driegevelwoning in 1932 voor de baas van een aanpalende betonfabriek. Kunstenaar Victor Servranckx (1897-1965) werkte mee aan het modernistische interieur. Hij ontwierp zowel de marmervloer in de inkom als het linoleumpatroon in de woonkamer op de eerste verdieping. Alleen, toen de eigenaars de bel-etagewoning kochten, waren de meeste van die authentieke elementen bedekt onder een laag vasttapijt, tasso of spiegels. Ook de gevel was verminkt door lelijke bekleding en schrijnwerk in aluminium. De woning was kortom een zorgenkindje: er sijpelde water binnen, de isolatie was ontoereikend.

Monnikengeduld vergde het om de klok terug te draaien. Problematisch was het om de ontbrekende materialen van vroeger te vinden, omdat ze veelal uit de handel zijn. Nog uitdagender was het om het wooncomfort te updaten zonder de architectuur te bruuskeren. Zo werd het originele Cubex-keukenmeubel verhoogd met het oog op ergonomie. Het resultaat van die twee decennia toewijding is niks minder dan adembenemend. Niet voor niets won de restauratie van de beschermde woning de Onroerenderfgoedprijs. 'De ziel van vroeger is terug, maar met de normen van nu', aldus eigenares Katrien Jansoone.

fr

L'architecte Joseph de Bruycker (1891-1942) a conçu cette habitation trois façades colorée pour le patron de l'usine de béton attenante. Son collègue Victor Servranckx (1897-1965), de son côté, a collaboré à l'aménagement intérieur. Nous lui devons aussi bien le sol de marbre que le motif du linoléum dans le séjour du premier étage. Mais quand les nouveaux propriétaires ont acquis cette maison bel-étage, la plupart de ces éléments d'origine étaient recouverts de tapis plain, de Tasso ou de miroirs. La façade était également défigurée par un vilain revêtement et une menuiserie en aluminium. Et ce n'est pas tout : de l'eau s'infiltrait à l'intérieur de l'habitation et l'isolation était inefficace.

Il a fallu une patience d'ange pour restaurer tout cela. Retrouver les matériaux d'origine a été un casse-tête, car ils ne sont généralement plus commercialisés. Mais cela a été plus difficile encore de mettre le confort au goût du jour sans brusquer l'architecture. La cuisine Cubex d'origine a par exemple été en partie surhaussée à des fins ergonomiques. Le résultat de ces deux décennies de dévouement est tout simplement époustouflant. La restauration de cette maison classée n'a pas volé le Prix du patrimoine immobilier qui lui a été décerné. « L'âme du passé a été retrouvée, mais avec les normes d'aujourd'hui », conclut Katrien Jansoone.

en

Belgian modernist artist Victor Servranckx
designed the pattern of the marble and
linoleum floors.

nl

De Belgische modernistische kunstenaar Victor
Servranckx ontwierp het patroon van de marmer-
en linoleumvloer.

fr

L'artiste moderniste belge Victor Servranckx
a créé le motif du sol en marbre et en
linoléum.

architecture ID   modernism *joseph de bruycker* 1932
victor servranckx heritage award *cubex kitchen*
gerrit rietveld

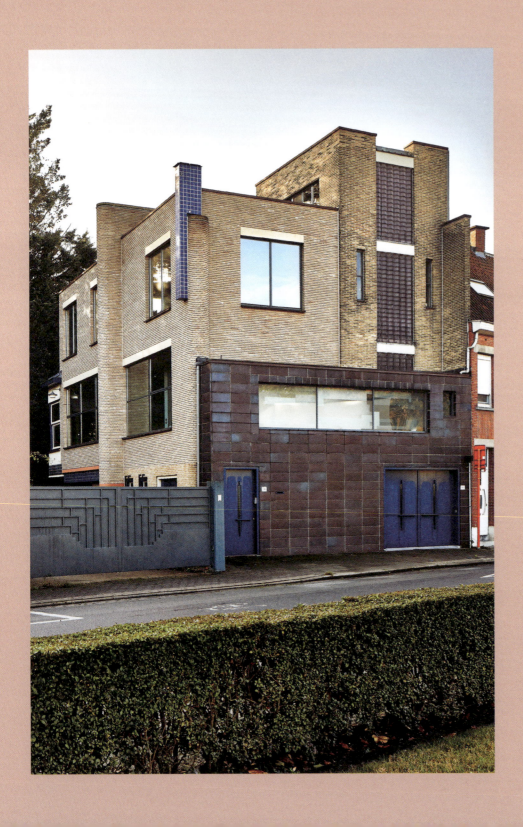

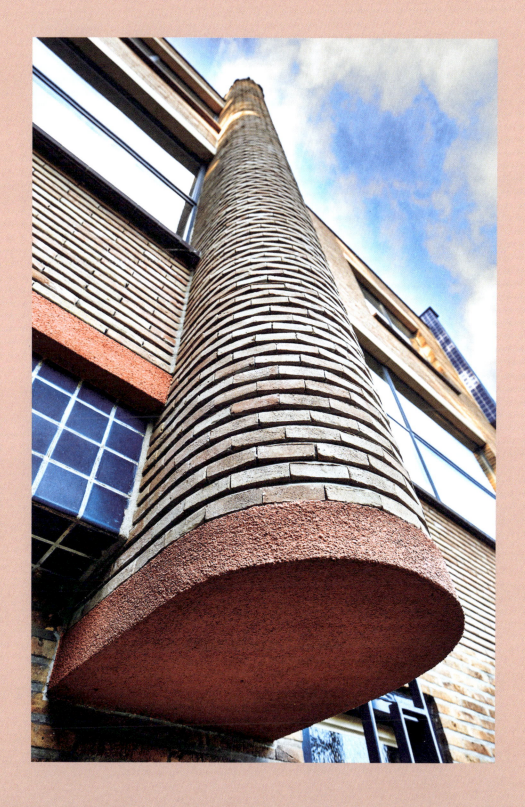

The Love Boat.

Tenants of this 1930s *Streamline Moderne* villa in Knokke will find themselves in a perfectly *restored holiday home* filled with modern art and high-end design.

The most beautiful Villa Paquebot in Knokke recently changed hands. The new owner, Hubert Bonnet, had the iconic holiday home, designed in 1935-36 by architect Louis Herman de Koninck (1896-1984), restored with exceptional care. 'De Koninck had to convince the local authorities to allow a flat roof: in Knokke-Zoute, thatched or tiled roofs are the norm,' says Alain Delogne of Fronton Architecture, the Brussels-based firm that carried out the restoration. 'The original elements of the original architecture were preserved or restored wherever possible – the terrazzo floors, Cubex kitchen and glass brick skylight, for example. Where we added new elements, such as the washbasins in the bedrooms, we consistently chose retro models that fit in with the spirit of the home.' During the research, Delogne discovered that the window joinery had originally been orange, and not black as everyone had always thought. The orange paintwork gives the rental villa a high-energy look. At one time, the Villa Paquebot was furnished with functionalist Bauhaus furniture, but the new owner went for more poetry and class. Modern art by Donald Judd and Carl Andre enters into dialogue with collectible design, with a particular focus on Alvar Aalto, Christophe Gevers and Poul Kjaerholm. The home's ultimate eye-catcher remains the posthumous Wall Drawing by Sol LeWitt, in the dining room. De Koninck would be truly proud.

www.bibihome.net

'This legendary Streamline
Moderne villa was built on a
war bunker, which currently
serves as a wine cellar.'

fr

nl

De mooiste pakketbootvilla van Knokke heeft sinds kort
een nieuwe eigenaar, Hubert Bonnet. Hij restaureerde met
buitengewone zorg de iconische vakantiewoning, in 1935-1936
getekend door architect Louis Herman de Koninck (1896-
1984). 'De Koninck moest de lokale autoriteiten overtuigen
om een plat dak toe te laten: in Knokke-Zoute zijn rieten
daken of pannendaken de norm', zegt Alain Delogne van
Fronton Architecture, het Brusselse bureau dat de restauratie
opvolgde. 'Van de originele architectuur werden zo veel mogelijk
originele elementen bewaard of gerestaureerd. Denk maar
aan de terrazzovloeren, de Cubex-keuken en de lichtstraat
met glasdallen. Waar we elementen hebben toegevoegd,
bijvoorbeeld de wastafels in de slaapkamers, kozen we steevast
voor retromodellen, die bij de geest van de woning passen.'

Tijdens de research ontdekte Delogne dat de originele
raamkleur oranje was en niet zwart, zoals iedereen altijd dacht.
Het oranje schrijnwerk geeft de verhuurbare vakantievilla
een energieke look. Ooit was de 'Villa Pacquebot' spartaans
ingericht met functionalistisch Bauhaus-meubilair. De nieuwe
eigenaar koos voor meer poëzie en niveau. Moderne kunst van
Donald Judd en Carl Andre gaat de dialoog aan met collectible
design van vooral Alvar Aalto, Christophe Gevers en Poul
Kjaerholm. Al blijft de ultieme eyecatcher van de woning
de postume 'Wall Drawing' van Sol LeWitt in de eetkamer.
De Koninck zou oprecht trots zijn.

La plus belle villa paquebot de Knokke possède depuis
peu un nouveau propriétaire. Cette maison de vacances
iconique, restaurée avec un soin extraordinaire, a été dessinée
en 1935-1936 par Louis Herman de Koninck (1896-1984).
« De Koninck a dû convaincre les autorités locales d'autoriser
un toit plat : à Knokke-Le Zoute, la norme, ce sont les toits
de chaume ou de tuiles », explique Alain Delogne de Fronton
Architecture, bureau bruxellois qui a supervisé la restauration.
« Le plus d'éléments possible de l'architecture originale ont été
conservés ou restaurés. C'est le cas des sols en terrazzo,
de la cuisine Cubex et de la verrière en briques de verre. Là
où nous avons ajouté des éléments, par exemple les lavabos
dans les chambres, nous avons toujours choisi des modèles
rétro, correspondant à l'esprit de l'habitation. »

Pendant l'examen préliminaire, Delogne a découvert que la
couleur originale des fenêtres était l'orange et non le noir,
comme tout le monde le pensait. La menuiserie orange donne
à cette location de vacances un look dynamique. La « villa
Paquebot » était autrefois aménagée de façon spartiate, avec
du mobilier Bauhaus fonctionnaliste. Le nouveau propriétaire,
Hubert Bonnet, a opté pour plus de poésie et de confort.
L'art moderne de Donald Judd et de Carl Andre dialogue avec
le design, en particulier celui, très recherché, d'Alvar Aalto,
de Christophe Gevers et de Poul Kjaerholm. L'œuvre phare de
l'habitation reste toutefois le Wall Drawing posthume de Sol
LeWitt dans la salle à manger. De Koninck serait sincèrement
fier.

en

This unique home has been restored using
materials of that time, such as glass bricks,
terrazzo and Winckelmans tiles. The owner
completed the house with art and design,
in particular that of Aalto.

nl

De unieke woning is nauwkeurig gerestaureerd
met materialen van toen, zoals glasdallen, terrazzo
en Winckelmans-tegels. De eigenaar vervolledigde
het huis met kunst en design, vooral van Aalto.

fr

Cette habitation a été restaurée
minutieusement avec des matériaux d'époque,
comme les briques de verre, le terrazzo et les
carreaux Winckelmans. Le propriétaire a garni
la maison d'art et de design, en particulier
de créations d'Aalto.

architecture ID   streamline moderne *louis herman de koninck*
1935-1936 *cubex kitchen* alvar aalto *hubert bonnet*
carl andre *sol lewitt* christophe gevers

Roaring
Waregem.

For his own home, architect Gentiel Van Eeckhoutte pulled out all the stops. His own *Villa Gaverzicht*, in Streamline Moderne style, is *opulent* through and through.

This interbellum villa in Waregem could be considered the 'little sister' of Villa Cavrois in Croix, but it would be comparing apples to oranges: Gentiel Van Eeckhoutte's crown jewel in Waregem, dating back to 1939, is almost entirely original. Robert Mallet-Stevens' 1932 icon was a plundered ruin where more or less everything had to be replicated from scratch. Van Eeckhoutte (1906-1963) went all out for his Villa Gaverzicht. 'This house already had central heating, a bathroom and a rooftop swimming pool. With all those semi-circular shapes, the railings and that precious tailoring, it looks like a luxurious ocean liner,' says Yves Plançon, the French property investor who saved the home through a delicate restoration. It has been a listed building since 2009. Not only is it unique in terms of design, the villa also illustrates two Belgian innovations from that period. There is still an original Cubex, the first modular kitchen in the world, designed by architect Louis Herman De Koninck in 1930. The walls of the bathroom and kitchen are covered in Marbrite tiles: thin glass panels that were available in a range of colours. 'They were produced by de Verreries de Fauquez at that time. Marbrite was a worldwide success,' says Plançon. 'But the factory has closed down and old panels are almost impossible to find.'

'With all those semi-circular shapes and the railings, this villa looks like a luxurious ocean liner.'

fr

nl

Je zou deze interbellumvilla in Waregem 'het kleine zusje' van Villa Cavrois in Croix kunnen noemen. Maar het is appels met peren vergelijken: het Waregemse pareltje van Gentiel Van Eeckhoutte uit 1939 is nagenoeg origineel. Het icoon uit 1932 van Robert Mallet-Stevens was een geplunderde ruïne, waar haast alles opnieuw is nagemaakt. Van Eeckhoutte (1906-1963) trok alle registers open voor zijn Villa Gaverzicht. 'Dit huis had zelfs al centrale verwarming, een badkamer en een dakzwembad. Met al die halfronde vormen, die relingen en dat kostbare maatwerk lijkt het wel een luxeschip', zegt Yves Plançon, de Franse vastgoedinvesteerder die de woning redde dankzij een delicate restauratie. De woning is sinds 2009 een beschermd monument.

Ze is niet alleen uniek qua design, ze illustreert ook twee Belgische innovaties uit die tijd. Er staat nog een originele Cubex, de eerste modulaire keuken ter wereld, ontworpen door architect Louis Herman de Koninck in 1930. In de badkamer en keuken zijn de wanden bekleed met marbriettegels, dunne glazen panelen die in verschillende kleuren verkrijgbaar waren. 'Ze werden indertijd geproduceerd bij de Verreries de Fauquez. Marbriet kende een wereldwijd succes', aldus Plançon. 'Maar de fabriek is gesloten. Oude panelen zijn haast onvindbaar.'

On aurait envie de décrire cette villa de l'entre-deux-guerres située à Waregem comme la « petite sœur » de la villa Cavrois de Croix. Mais ce serait comparer des pommes avec des poires : le bijou de Gentiel Van Eeckhoutte date de 1939 et est quasiment resté dans son état original, tandis que l'icône de Robert Mallet-Stevens remonte à 1932 et était devenue une ruine pillée dont tout ou presque a été refait. Van Eeckhoutte (1906-1963) a donné le meilleur de lui-même pour sa villa. « Cette maison possédait même déjà un chauffage central, une salle de bains et une piscine de toiture. Avec ses formes hémisphériques, ses balustrades et son coûteux travail sur mesure, elle a tout d'un paquebot de luxe », dit Yves Plançon, l'investisseur français qui a sauvé l'habitation grâce à une délicate restauration.

La maison est classée depuis 2009. Elle est non seulement unique par son design, elle illustre aussi deux innovations belges de l'époque. On y trouve encore une Cubex d'origine, première cuisine modulaire du monde, conçue par l'architecte Louis Herman de Koninck en 1930. Et dans la salle de bains et la cuisine, les murs sont revêtus de dalles de marbrite, autrement dit, de minces panneaux de verre qui étaient disponibles en différentes couleurs. « Ces dalles étaient produites par les verreries de Fauquez. Le marbrite a connu un succès planétaire », poursuit Plançon. « Mais l'usine a fermé. Les anciens panneaux sont devenus presque introuvables. »

en

A lot of the built-in furniture was still there,
so Yves Plançon chose to decorate the house
fittingly with his private collection of art deco
furniture and glass.

nl

Veel van het ingebouwde meubilair was er nog,
dus koos Yves Plançon ervoor de woning passend
in te richten met zijn privécollectie van art-
decomeubelen en glas.

fr

Beaucoup de meubles encastrés étaient encore
là, si bien qu'Yves Plançon a choisi de décorer
la maison avec sa collection personnelle de
mobilier et de verre Art déco.

architecture ID   streamline moderne *gentiel van eeckhoutte* 1939 *art deco* listed monument *mabrite* stained glass *architect's home* cubex kitchen

Stynen in the House.

Léon Stynen could be called 'the Belgian *Le Corbusier*'. In the 'Tentoonstellingswijk', an *interbellum* modernist neighbourhood in Antwerp, he built his own studio home in 1932. It looks *like he never left*.

Antwerp-based modernist Léon Stynen (1899-1990) became acquainted with Le Corbusier in 1925, in that year's *Pavilion de l'Esprit Nouveau*. 'I have huge admiration for him. To me, he is the greatest architect of these times,' Stynen said in 1972. 'To find anyone as good, we would have to go back as far as the 18th century. And if we get one like him every 500 years, we can't complain.' Stynen corresponded with the Swiss architect and met him in person several times. That influence is very tangible in Stynen's own corner house on Camille Huysmanslaan in Antwerp, which was built in 1932. It includes a characteristic Le Corbusier feature: the open plan, in which the home is constructed around a steel skeleton. His influence can also be seen in the ribbon windows and the colours of the walls. The mural in the entrance hall is reminiscent of his work, but is in fact by artist René Guiette. The current owners have treated Stynen's home with the greatest respect. It sometimes feels as though he could walk into his ground-floor office at any moment. Above the office, he lived in a bright, open flat with a roof terrace. The house, in New Objectivity style, is fairly austere in design. It has very few compelling interior elements, leaving it relatively simple to furnish. The current owners chose to fill it with 20th-century design classics, including – noblesse oblige – the SL58 chairs that Stynen designed for Expo 58 in Brussels. A piece by Le Corbusier would not look out of place here.

'Léon Stynen's own house features several characteristic features of his hero Le Corbusier: the open plan, ribbon windows and a mural in the entry hall.'

fr

nl

De Antwerpse modernist Léon Stynen (1899-1990) leerde in 1925 Le Corbusier kennen bij zijn 'Pavillion de l'Esprit Nouveau'. 'Ik heb de grootste bewondering voor hem. Hij is voor mij de grootste architect van deze tijd', zei Stynen in 1972. 'We moeten teruggaan tot de 18e eeuw om er nog zo een te vinden. En als we elke 500 jaar er zo één krijgen, valt het mee.' Stynen onderhield een briefwisseling met de Zwitserse architect en ontmoette hem meermaals. Die invloed is heel voelbaar in Stynens eigen hoekwoning uit 1932 aan de Camille Huysmanslaan in Antwerpen. Typisch Corbu is bijvoorbeeld het vrije plan, doordat de woning is opgetrokken uit een staalskelet. De bandramen zijn ook duidelijk corbusiaans, net als de kleuren op de muren. De muurschildering in de inkom appelleert wel aan de Zwitser, maar is gemaakt door kunstenaar René Guiette.

De huidige eigenaars hebben Stynens woning heel respectvol behandeld. Soms lijkt het wel alsof de Antwerpse modernist zo nog kan binnenlopen in zijn kantoor, dat op de benedenverdieping zat. Boven woonde hij in een helder, open 'appartement' met dakterras. De woning in nieuwe zakelijkheid is vrij sober vormgegeven. Ze heeft erg weinig dwingende interieurelementen, waardoor je ze relatief makkelijk kunt inrichten. De huidige eigenaars kozen voor 20e-eeuwse designklassiekers, waaronder – noblesse oblige – de SL58-stoeltjes die Stynen ontwierp voor Expo 58 in Brussel. Een meubel van Le Corbusier zou er niet misstaan.

Le moderniste anversois Léon Stynen (1899-1990) a fait la connaissance de Le Corbusier dans son « pavillon de l'Esprit nouveau », en 1925. « J'ai la plus grande admiration pour lui. Pour moi, il est le plus grand architecte contemporain », disait Stynen en 1972. « Nous devons remonter au XVIIIe siècle pour en trouver un aussi talentueux. Et si nous en avons un de sa trempe tous les 500 ans, nous pouvons nous estimer heureux. » Stynen a correspondu avec l'architecte suisse et l'a rencontré plusieurs fois. Cette influence est très perceptible dans l'habitation d'angle construite en 1932 sur l'avenue Camille Huysmans à Anvers. Le plan libre, rendu possible par une ossature d'acier, est par exemple typique du maître. Les fenêtres en bandeau sont également clairement corbuséennes, tout comme les couleurs sur les murs. La fresque de l'entrée fait référence au même architecte, mais a été réalisée par l'artiste René Guiette.

Les propriétaires actuels ont traité l'habitation de Stynen avec grand respect, au point qu'on a parfois l'impression que le moderniste anversois va apparaître d'un instant à l'autre. Ils habitent à l'étage, dans un « appartement » ouvert, lumineux, avec terrasse de toiture. Cette habitation de style Nouvelle objectivité est d'une forme assez sobre. Elle présente peu d'éléments intérieurs contraignants, si bien qu'elle est relativement facile à aménager. Les propriétaires actuels ont opté pour des classiques du design du XXe siècle, dont, noblesse oblige, les chaises SL58 conçues par Stynen pour l'Expo 58 de Bruxelles. Un meuble de Le Corbusier y serait tout à fait à sa place.

en

This modernist house in Antwerp still
feels like architect Léon Stynen could walk
in at any moment.

nl

Dit modernistische huis in Antwerpen voelt
nog steeds aan alsof architect Léon Stynen
er elk moment kan binnenwandelen.

fr

Cette maison moderniste d'Anvers
donne l'impression que son architecte,
Léon Stynen, pourrait surgir à tout moment.

architecture ID   modernism *léon stynen* 1932 *architect's home*
antwerp *le corbusier* rené guiette *florence knoll*

Family Affair.

When the *brutalist* house you grew up in is suddenly for sale, what do you do? Lovingly *restore* and *modernise* it, according to owner Koen Hollanders.

Koen Hollanders' home in Gravenwezel is unique in many aspects. Firstly, it is the home he grew up in. Secondly, the architect, Professor Jef Van den Broeck (1940-2019) only ever built one private residence in his career as an urban planner. Thirdly, Hollanders was faced with the emotional task of renovating his parents' 1976 house. It had to be modified to today's needs, without spoiling the expressive concrete architecture. 'When my parents died, I couldn't stop thinking about their house,' he tells us. After a long search, Koen Hollanders and his wife Kathleen Baert found Antwerp interior architect Arjaan de Feyter. Thankfully, De Feyter did not take a hatchet to the original architecture, which is very reminiscent of Frank Lloyd Wright. He respected the raised seating areas, the Usonian feel of the bungalow and the organic elements in exposed concrete. It is exceptional for an interior architect of his standing to leave their signature so imperceptible in such a delicate interior project. De Feyter's main contribution was to open up the closed kitchen so it flowed into the living space. The custom cabinets in walnut are seamlessly aligned with the existing interior. Even the dining area is still exactly the same as it was in 1976. De Feyter delivered a masterclass in composure and precision. www.arjaandefeyter.be

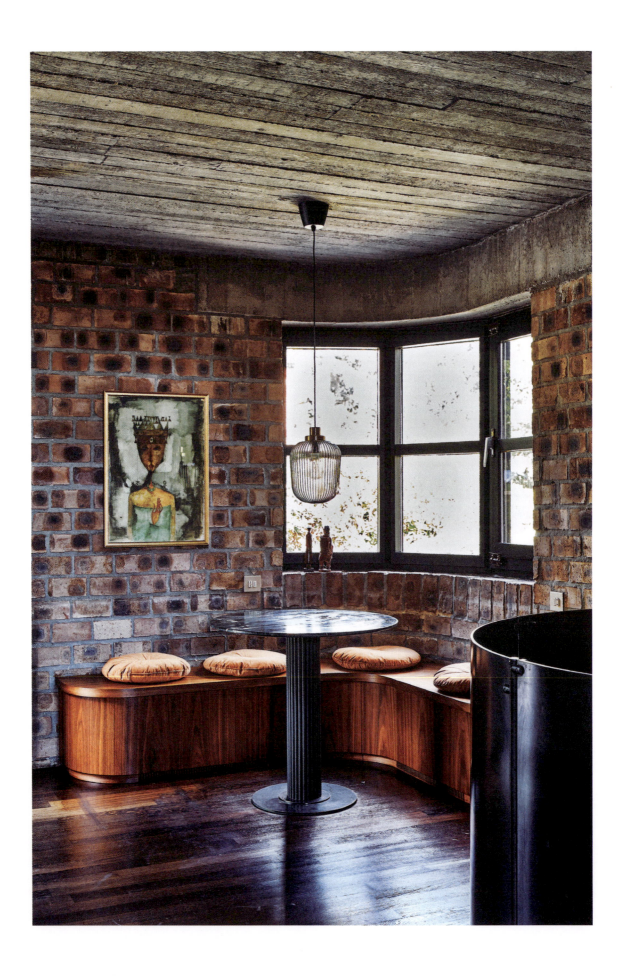

'When my parents died,
I couldn't stop thinking about
their house. I felt like I had
to live here, respecting the
original architecture.'

fr

nl

Koen Hollanders' woning in 's Gravenwezel is bijzonder op vele vlakken. Ten eerste omdat het de woning is waar hij opgroeide. Ten tweede omdat de architect, professor Jef Van den Broeck (1940-2019), maar één privéwoning heeft gebouwd in zijn carrière als stedenbouwkundige. Ten derde omdat Hollanders voor de emotionele opdracht stond om zijn ouderlijke huis uit 1976 te renoveren. Het moest aangepast worden aan de noden van vandaag, maar zonder de expressieve betonarchitectuur geweld aan te doen. 'Toen mijn ouders overleden waren, liet hun huis me niet los', zegt hij.

Na een lange zoektocht kwamen Koen Hollanders en zijn vrouw Kathleen Baert uit bij de Antwerpse interieurarchitect Arjaan De Feyter. Die ging niet met de botte bijl door de originele architectuur, die erg aan Frank Lloyd Wright doet denken. Hij respecteerde de verhoogde zitruimtes, het 'usonian' gevoel van de bungalow en de organische elementen in zichtbeton. Het is uitzonderlijk dat een interieurarchitect van zijn kaliber zijn 'signatuur' zo onzichtbaar laat in zo'n delicaat interieurproject. De Feyters voornaamste ingreep bestond erin de afgesloten keuken open te werken, zodat ze bij de leefruimte betrokken werd. Het nieuwe maatwerk in notelaar sluit onzichtbaar aan bij het bestaande interieur. Zelfs de eethoek is nog volledig hetzelfde als in 1976. Een renovatie als masterclass in beheersing en precisie.

La maison de Koen Hollanders, située à 's Gravenwezel, est particulière à plus d'un titre. D'abord parce que c'est le lieu où il a grandi. Ensuite, parce que son architecte, Jef Van den Broeck (1940-2019), n'a construit qu'une habitation privée au cours de sa carrière d'urbaniste. Enfin, parce que Hollanders s'est trouvé face à la tâche, riche en émotions, de restaurer sa maison familiale datant de 1976. Elle devait être adaptée aux nécessités du jour, mais sans qu'il soit fait violence à la brutalité expressive de sa structure en béton. « Quand mes parents sont morts, leur maison ne m'a pas laissé partir », dit-il.

Après une longue quête, Koen Hollanders et sa femme Kathleen Baert ont rencontré l'architecte d'intérieur Arjaan De Feyter. Celui-ci a abordé en douceur l'architecture originale, qui fait fortement penser à Frank Lloyd Wright. Il a respecté les salons surhaussés, la sensation « usonienne » de bungalow et les éléments organiques en béton apparent. Il est exceptionnel qu'un architecte d'intérieur de son calibre dissimule autant sa patte dans un projet d'une telle subtilité. Sa principale intervention a consisté à ouvrir la cuisine afin de l'impliquer dans l'espace de vie. Le nouveau mobilier sur mesure en noyer s'intègre en complète harmonie dans le décor existant. Même le coin à manger est resté exactement tel qu'il était en 1976. Une rénovation qui s'assimile à un exercice de maîtrise et de précision.

en

The original split-levels in concrete give the
home a really intuitive zoning and circulation.
Only in the kitchen did architect Arjaan de
Feyter visibly get involved.

nl

De originele split-levels in beton geven de woning
een heel intuïtieve zonering en circulatie. Enkel in
de keuken greep architect Arjaan de Feyter
zichtbaar in.

fr

Les demi-niveaux d'origine en béton confèrent
à l'habitation une distribution et une circulation
très intuitives. Les interventions de l'architecte
Arjaan de Feyter ne sont visibles que dans la
cuisine.

architecture ID   brutalism *jef van den broeck* 1976 *usonian house* frank lloyd wright *concrete* raak lamps *walnut and brick* african art

Mad Mansion.

What is original and what has been restored or renovated? Those questions are irrelevant in this *sympathetically refurbished* 1970s low-build villa in true *Mad Men* style.

The entrance to this meticulously renovated 1970s home in the outskirts of Brussels welcomes guests in style. Large exterior stairs and a long walkway take you to the glass front door, the drawn-out appetiser for a fantastic architectural main course reminiscent of Mad Men. The villa on the Brussels periphery was designed by architect José Vanden Bossche, who lived and worked here. In magazines from the 1970s, you'll find his funky interior with space-age furniture in psychedelic colours. The new owners preferred not to live in such a retro setting, despite their collection of mid-century classics by Alfred Hendrickx, Eero Saarinen, Charles & Ray Eames and Ludvik Volak. There's no visible sign that the home was tackled in its entirety by B-bis architects. No changes were made to the flow. The aluminium and wooden slatted ceilings in the hall and office were completely restored. 'This building already had so much character of its own. You can't just come up with something like this,' the owners tell us. The contemporary stamp of B-bis is felt mainly in the kitchen, bathrooms and pool house. The view of the garden used to be blocked by an annoying pavilion for an indoor swimming pool. The architects had that demolished and installed an outdoor pool with a new pool house. That is so perfectly in line with the original architecture that it's almost impossible to tell what is original and what has been renovated.

www.b-bis.be

'This building already had so much character of its own. You can't just come up with something like this.'

fr

nl

Binnenkomen doe je in stijl in deze secuur verbouwde 70s woning in de Brusselse rand. Via grote buitentrappen en een lange gaanderij arriveer je bij de glazen voordeur: het langgerekte aperitief voor een grandioos architecturaal hoofdgerecht, dat naar Mad Men smaakt. De villa in de Brusselse rand is ontworpen door architect José Vanden Bossche, die hier woonde en werkte. In woonreportages uit de jaren 1970 ontdek je zijn funky interieur met space age meubilair in psychedelische kleuren. In zo'n retro decor wilden de nieuwe eigenaars echter niet wonen, ook al hebben ze midcentury designklassiekers van Alfred Hendrickx, Eero Saarinen, Charles & Ray Eames en Ludvik Volak.

Dat de woning compleet is aangepakt door B-bis architecten, valt totaal niet op. Aan de circulatie werd niets veranderd. In de hal en het bureau zijn de plafonds in aluminium lamellen en houten latjes volledig gerestaureerd. 'Dit pand had op zichzelf al zoveel karakter. Zoiets kun je gewoon niet verzinnen', aldus de eigenaars. De hedendaagse stempel van B-bis voel je vooral in de keuken, de badkamers én in het poolhouse. Het zicht op de tuin was vroeger geblokkeerd door een storend paviljoen voor een binnenzwembad. De architecten lieten dat slopen en legden een buitenbad aan met een nieuw poolhouse. Dat sluit zo naadloos aan bij de originele architectuur dat je je kunt afvragen wat origineel en wat gerenoveerd is.

L'entrée dans cette habitation des années 1970, transformée d'une main sûre, annonce déjà le style de l'ensemble. De grands escaliers extérieurs et une longue galerie mènent au portail vitré : un apéritif bien mesuré pour un plat de résistance grandiose, au goût de Mad Men. Cette villa de la périphérie bruxelloise a été conçue par José Vanden Bossche, qui y a habité et travaillé. Dans les reportages des années 1970, on découvre un intérieur funky, garni de mobilier space age dans des couleurs psychédéliques. Même si les nouveaux propriétaires n'avaient pas envie de vivre dans un décor aussi rétro, ils possèdent des classiques de designers du milieu du siècle, comme Alfred Hendrickx, Eero Saarinen, Charles & Ray Eames et Ludvik Volak.

La rénovation totale réalisée par les architectes B-bis passe inaperçue. Les circulations sont restées telles quelles. Dans le hall et le bureau, les plafonds en lamelles d'aluminium et lattes de bois ont été entièrement restaurés. « Ce bâtiment avait tellement de caractère en soi ! C'est incroyable », racontent les propriétaires. Le cachet contemporain de B-bis se sent surtout dans la cuisine, les salles de bains et le poolhouse. La vue sur le jardin était autrefois barrée par un pavillon dérangeant, abritant une piscine couverte. Les architectes l'ont fait démolir et ont aménagé une piscine d'extérieur avec un nouveau poolhouse. Celui-ci s'harmonise si bien avec l'architecture originale que l'on distingue à peine le neuf de ce qui a été rénové.

en

B-bis architects have shown great respect in
their work on this vast L-shaped villa. The pool
house, for example, looks authentic but is, in
fact, brand new.

nl

Architectenbureau B-bis deed heel respectvolle
ingrepen in de zeer ruime L-vormige villa. Het
poolhouse lijkt bijvoorbeeld authentiek, maar
is gloednieuw.

fr

Le bureau d'architectes B-bis est intervenu
avec grand respect dans cette vaste villa en
forme de L. Le poolhouse, par exemple,
semble d'origine alors qu'il est tout neuf.

architecture ID   mid-century modern *josé vanden bossche* 1972
                          architect's home b-architecten & b-bis *ludvik volak*
                          frieke janssens *eero saarinen*

Fifties Time Machine.

Seventy years after it was built, the *Walraevens House* by architect Lucien Engels looks fresher than ever. Its new *lease on life* is thanks to Lucien's son, who is lovingly watching over the *restoration*.

When physician Luc Engels heard from a patient that the Walraevens House in Vilvoorde was going up for sale, he didn't hesitate for a moment. He had no desire to live there himself; instead, he wanted to prevent the demolition of the house his father had designed. Lucien Engels (1928-2015) realised the compact home in 1953-54, on a tight budget, but it doesn't feel like that. The house is typical of Engels' intuitive architecture from that period: light, airy, open, graphic and energetic. 'A lot of details are reminiscent of boat architecture – take the aligned railing and open stairs, for example,' Luc Engels says. In the interior of Walraevens House, you can still feel the positive energy and belief in progress so characteristic of the 1950s, with the 1958 Brussels World's Fair as the culmination. The finishing touch on this indoor time machine consists of the original wall cabinets and dining-room chairs by Lucien Engels. Even the rare lamp by his friend Willy van der Meeren, is still hanging there. 'The walls were originally painted in bands of light blue and white. My father chose a red supporting beam, mustard yellow ceilings, a banister with red and white balusters, and blue and black dining-room chairs. That hasn't changed at all,' Luc tells us. 'The main modification was to the kitchen. It was originally separate, but by removing the interior windows, it's now part of the living area.'

'Luc Engels had no desire to live here himself; instead, he wanted to prevent the demolition of the house his father Lucien had designed in 1954.'

fr

nl

Toen dokter Luc Engels via een patiënt hoorde dat woning Walraevens in Vilvoorde te koop zou komen, twijfelde hij niet. Niet dat hij er zelf wou wonen, hij wilde het huis dat zijn vader ontworpen had, redden van de sloop. Lucien Engels (1928-2015) realiseerde de compacte woning in 1953-1954 met een krap budget, maar toch voelt ze ruim aan. Het huis is typisch voor de intuïtieve architectuur van Engels in die periode: licht, luchtig, open, grafisch en energiek. 'Veel details doen denken aan bootarchitectuur, denk maar aan de uitgelijnde reling en de open trap', zegt Luc Engels.

In het interieur van woning Walraevens voel je nog de positieve energie en het vooruitgangsgeloof van de jaren 1950, met Expo '58 als culminatie. De indoor tijdreis is compleet dankzij de originele wandkasten en eetkamerstoelen van Lucien Engels. Zelfs de zeldzame lamp 'Potence' van zijn vriend Willy van der Meeren hangt er nog. 'Oorspronkelijk waren de muren geschilderd in stroken van lichtblauwe en witte verf. Mijn vader koos voor een rode draagbalk, mosterdgele plafonds, een trapleuning met rood-witte spijlen en eetkamerstoelen in blauw en zwart. Daar is niks aan veranderd', aldus Luc Engels. 'De belangrijkste aanpassing gebeurde in de keuken. Die was oorspronkelijk apart. Maar door de binnenramen eruit te halen, is ze nu bij de leefruimte betrokken.'

Lorsque le docteur Luc Engels a appris via un patient que l'habitation Walraevens était à vendre à Vilvorde, il n'a pas hésité. Pas parce qu'il souhaitait y habiter lui-même, mais parce qu'il voulait sauver de la démolition cette maison conçue par son père. Lucien Engels (1928-2015) a réalisé cette habitation compacte en 1953-1954 avec un budget serré, et pourtant elle donne une impression d'espace. La maison est typique de l'architecture intuitive d'Engels à cette période : lumineuse, aérée, ouverte, graphique et dynamique. « Beaucoup de détails font penser à l'architecture paquebot, ne fût-ce que la balustrade profilée et l'escalier ouvert », indique Luc Engels.

À l'intérieur de la maison Walraevens, on peut encore sentir l'énergie positive et la foi dans le progrès des années 1950, dont l'Expo 58 a été l'apogée. Le voyage dans le temps est complet grâce aux armoires murales et aux chaises de salle à manger originales de Lucien Engels. Même la rare lampe de son ami Willy van der Meeren est encore en place. « Au départ, les murs étaient peints de bandes bleu clair et blanches. Mon père avait opté pour une poutre porteuse rouge, des plafonds jaune moutarde, une rampe aux barreaux rouge et blanc et, dans la salle à manger, des chaises bleu et noir. Rien n'a été modifié », raconte Luc Engels. « La principale adaptation a concerné la cuisine. Celle-ci était initialement séparée. En en ôtant les fenêtres intérieures, on a fait en sorte de l'impliquer dans l'espace de vie. »

en

The expressive colours and stripe patterns
are all Lucien Engels' input. Son Luc added
his father's artwork above the door to
the restoration.

nl

De expressieve kleuren en strepenpatronen zijn allemaal Lucien Engels' input. Zijn kunstwerk boven de deur voegde zoon Luc bij de restauratie toe.

fr

Les couleurs expressives et les motifs rayés viennent de Lucien Engels. Une de ses œuvres a été ajoutée au-dessus de la porte lors de la restauration par son fils.

architecture ID   mid-century modern *lucien engels* 1954
expo 58 willy van der meeren *expressive colours*
compact living

Postmodern monument.

The *Van Schuylenbergh House* is one of the few postmodern homes that are *listed in Belgium*. This remarkable house demonstrates Pieter De Bruyne's unique talent for interior and *furniture* design.

In the 1950s, Belgian interior architect Pieter De Bruyne (1931-1987) did an internship at Giò Ponti. Later he designed lamps for Italian brand Arteluce. He was then offered the chance to collaborate with Italian avant-garde movement Alchymia. Despite the interest from several key people in Italy, he preferred to remain autonomous. His portfolio contains 175 interiors, but barely any are still intact. The exception is the Van Schuylenbergh House in Aalst, the only one of De Bruyne's homes that is protected both inside and out. 'In this new-build home, De Bruyne was able to infuse architecture and furniture in a single whole for the first time. He started on the design in 1979 and it was only finished in 1986, shortly before his death,' says Stoffel, son of artist Lucas Van Schuylenbergh, who commissioned the work. 'My father already had an important collection of De Bruyne's furniture when he designed a home around it.' Incidentally, De Bruyne's furniture oeuvre was not extensive: he drew only 200 designs, always produced in small volumes in his own studio. Between the 1950s and the 1980s, this postmodern interior architect from Aalst developed a unique visual language, inspired by proportions from Greek and Egyptian antiquity. 'The house consists of stacked geometric shapes, which can also be seen in Pieter's furniture: square, circle, oblong and triangle,' Stoffel tells us. That design is echoed in the separate pieces of furniture which literally stand alone in the space 'like sculptures'. Another unique feature is the kitchen table on wheels, which extends behind the kitchen wall. Pieter De Bruyne often said that he designed for future generations. He was aware that the Van Schuylenbergh House was special and saw it as 'an achievement to be conserved'. Voilà: his vision has been fulfilled.

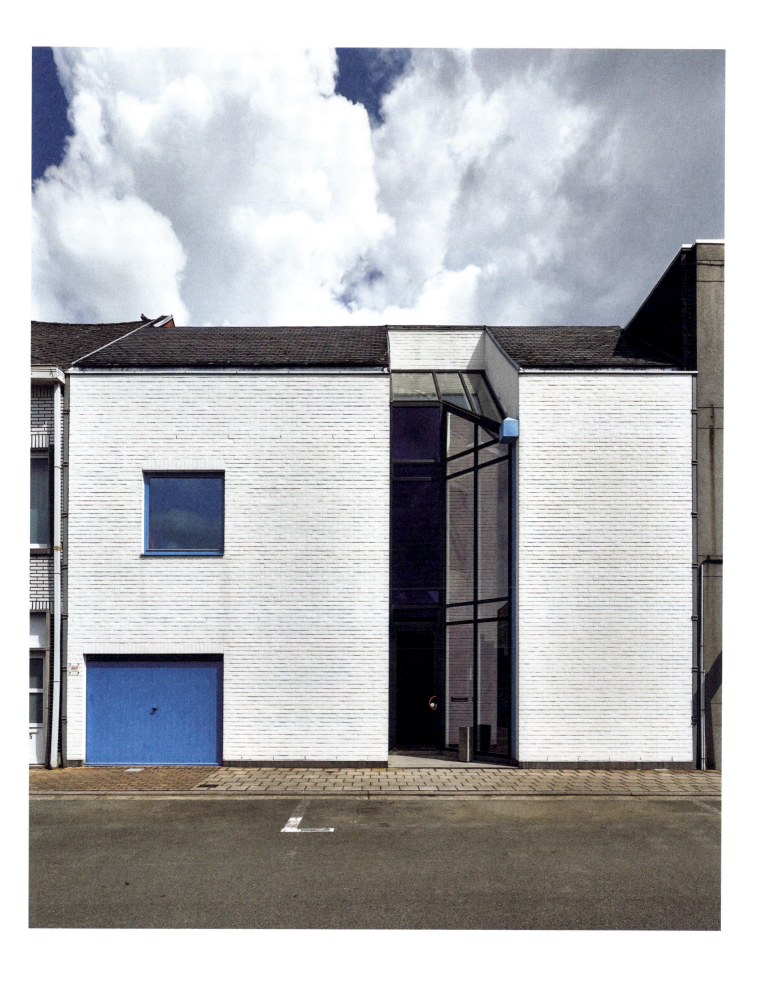

'In this new-build home, De Bruyne was able to infuse architecture, interior and furniture design in a single masterpiece for the first time.'

fr

nl

De Belgische interieurarchitect Pieter De Bruyne (1931-1987) liep in de jaren 1950 stage bij Giò Ponti, ontwierp lampmodellen voor Arteluce en kreeg een aanbieding om samen te werken met de Italiaanse avant-gardebeweging Alchymia. Ondanks de interesse uit gidsland Italië wilde de Belgische interieurarchitect liever autonoom blijven. Zijn portfolio telt 175 interieurs, waarvan er nauwelijks nog intact bewaard zijn. Behalve Woning Van Schuylenbergh in Aalst, de enige woning van De Bruyne die vanbinnen én vanbuiten beschermd is. 'In deze nieuwbouwwoning kon De Bruyne voor het eerst architectuur en meubilair in één geheel gieten. In 1979 begon hij aan het ontwerp, in 1986 was het pas af, net voor zijn dood', zegt Stoffel, de zoon van opdrachtgever en kunstenaar Lucas Van Schuylenbergh. 'Mijn vader had al een belangrijke collectie meubilair van De Bruyne, toen die er een woning rond ontwierp.' Groot was De Bruynes meubeloeuvre trouwens niet: hij tekende maar een 200-tal ontwerpen, steevast in kleine oplages gemaakt in eigen atelier.

De Aalsterse postmodernist ontwikkelde tussen de jaren 1950 en 1980 een geheel eigen beeldtaal, geïnspireerd op klassieke verhoudingen uit de Griekse en Egyptische oudheid. Vandaar de halve glazen piramidevormige lichtkoepel, verdubbeld door een spiegel. 'Het huis is een stapeling van geometrische vormen, die ook in Pieters meubilair terugkomen: vierkant, cirkel, rechthoek en driehoek', aldus Stoffel. Die vormgeving komt ook terug in het losse meubilair, dat – letterlijk – los in de ruimte staat 'als een sculptuur'. Uniek is de keukentafel op wielen, die doorloopt achter de keukenwand. Op een familiediner rol je ze eenvoudig uit tot de gewenste lengte. Pieter De Bruyne zei vaak dat hij ontwierp voor de volgende generaties. Hij besefte zelf ook dat Woning Van Schuylenbergh iets bijzonders was. Hij vond het 'een realisatie om te bewaren'. Bij deze is dat gelukt.

L'architecte d'intérieur Pieter De Bruyne (1931-1987) a fait un stage chez Giò Ponti dans les années 1950, conçu des modèles de lampes pour Arteluce et reçu une offre de collaboration de la part du mouvement d'avant-garde italien Alchymia. Mais malgré son intérêt pour l'Italie, sa source d'inspiration par excellence, il a préféré garder son indépendance. Son portfolio compte 175 intérieurs, dont très peu ont été conservés dans leur état d'origine. La maison Van Schuylenbergh, située à Alost, est l'unique réalisation de cet architecte qui soit entièrement classée, intérieur comme extérieur. « Ici, De Bruyne a pour la première fois pu réunir architecture et mobilier en un tout. Il a entamé le projet en 1979, mais n'a pu le terminer qu'en 1986, juste avant sa mort », explique Stoffel, fils du commanditaire et artiste Lucas Van Schuylenbergh. « Mon père possédait déjà une importante collection de mobilier de De Bruyne quand celui-ci a dessiné une maison tout autour. » L'œuvre de De Bruyne dans le domaine du mobilier est d'ailleurs limitée : il n'a conçu que 200 projets environ, toujours produits en petites quantités dans son propre atelier.

Entre les années 1950 et 1980, le postmoderniste alostois a créé un style tout à fait personnel, inspiré par les proportions classiques de l'Antiquité grecque et égyptienne. Cela explique le puits de lumière vitré en forme de demi-pyramide dédoublée grâce à un miroir. « La maison est un assemblage de formes géométriques qui reviennent également dans le mobilier de Pieter : carré, cercle, rectangle et triangle », précise Stoffel. « Cette géométrie caractérise aussi les meubles libres, qui sont placés dans l'espace indépendamment, comme autant de sculptures. » La table de cuisine sur roulettes qui se prolonge derrière le mur est unique. Lors d'un dîner en famille, il suffit de la « dérouler » à la longueur souhaitée. Pieter De Bruyne disait souvent qu'il créait pour les générations suivantes. Il avait également conscience que la maison Van Schuylenbergh était particulière et souhaitait qu'elle soit conservée. Ce vœu s'est réalisé.

en

'The owner already had a collection of Pieter
De Bruyne's furniture and asked him to design
a house around it. De Bruyne's radical furniture
- rare and much sought after - ranks up there
with that of Sottsass or Mendini.'

nl

De bewoner had al een meubelcollectie van
Pieter De Bruyne en vroeg hem er een huis rond te
ontwerpen. Het radicale meubilair van De Bruyne
- zeldzaam en gezocht – moet niet onderdoen voor
Sottsass of Mendini.

fr

L'occupant avait une collection de Pieter
De Bruyne et lui a demandé de concevoir une
maison autour. Le mobilier radical de De Bruyne
– aussi rare que recherché – n'a rien à envier à
Sottsass ou à Mendini.

architecture ID   postmodernism *pieter de bruyne* 1979 – 1986
arteluce lucas van schuylenbergh *listed monument*
geometric forms *greek & egyptian proportions*

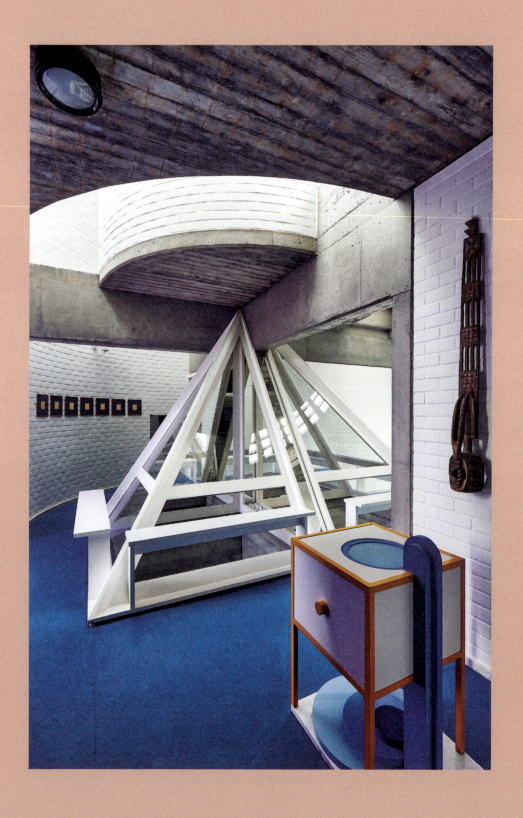

Linked with Eysselinck.

In this *corner house*, built in 1939 by architect Gaston Eysselinck, it feels as though time stood still. Such a *purist result* takes many years of restoration, research and sweat.

Joris Verdoodt and Gino Bulcke happened to come across a Ghent house by Gaston Eysselinck (1907-1953), listed in a property brochure. Built in 1939, Lambrechts House was not a listed building, so the couple were free to put their own stamp on it. Fortunately, however, they opted not to. They left almost everything intact, just as it was in Eysselinck's time. That includes the kitchen and bathroom, which are very compact by present-day standards of comfort. 'We have made absolutely no structural changes to the house. The circulation and the spaces are still exactly as the architect envisioned them,' says Gino Bulcke. 'The house is not insulated in line with current recommendations either. That would have been impossible, without mutilating the original architecture.' Joris and Gino's purist approach did not apply to the furnishings, however. They're not living in a perfect time capsule – although several rare tubular Eysselinck chairs can be seen. The house had been vacant for 10 years when Gino and Joris bought it, and was in dire need of refurbishing. There had been a few unfortunate contributions since 1939, but they luckily turned out to be reversible. For example, under a layer of 1950s paint, Joris and Gino found the original scratch plaster plus the original paint colours. Rotten window frames were replaced and a rustic brick mantelpiece was demolished, all with the aim of revealing the house's original soul. That took years, the patience of a saint and endless researching in Eysselinck's archives. 'We even visited a number of his other houses,' says Joris. 'Restoring a house excludes many interior choices. We adapted to the house, not the other way round.'

'Restoring a house excludes many interior choices. We adapted to the house, not the other way round.'

fr

nl

In een immofolder stootten Joris Verdoodt en Gino Bulcke toevallig op een Gentse woning van Gaston Eysselinck (1907-1953). Woning Lambrechts uit 1939 was niet beschermd, dus het koppel had de handen vrij om er hun stempel op te drukken. Maar dat deden ze – gelukkig – niet. Bijna alles lieten ze intact zoals in Eysselincks tijd. Inclusief de keuken en de badkamer, die heel compact zijn naar hedendaagse comfortnormen. 'We deden geen enkele structurele ingreep in de woning. De circulatie en de ruimtes zijn helemaal zoals de architect ze bedacht', zegt Gino Bulcke. 'De woning is ook niet geïsoleerd zoals men het nu voorschrijft. Maar dat kon ook niet zonder de originele architectuur te verminken.' De puristische aanpak van Joris en Gino gold niet voor het losse meubilair. Ze wonen niet in een perfecte tijdscapsule, ook al staan er wel zeldzame buisstoelen van Eysselinck.

Toen Gino en Joris ze kochten, stond de woning 10 jaar leeg. Ze kon een grondige opfrisbeurt gebruiken. Er waren sinds 1939 enkele ongelukkige ingrepen gebeurd, maar die bleken gelukkig terug te schroeven. Onder een laag plastiekverf uit de jaren 1950 troffen Joris en Gino bijvoorbeeld het originele geschraapte cementpleister én de oorspronkelijke verfkleuren terug. Rotte ramen werden vervangen, een rustieke baksteenschouw werd afgebroken, allemaal om de originele ziel van het huis opnieuw bloot te leggen. Dat vergde jaren van engelengeduld én oneindig veel speurwerk in het archief van Eysselinck. 'We hebben zelfs een achttal andere woningen van hem bezocht', aldus Joris. 'Een woning restaureren sluit vele interieurkeuzes uit. We hebben ons aangepast aan het huis. Niet omgekeerd.'

C'est en feuilletant une brochure immobilière que Joris Verdoodt et Gino Bulcke sont tombés par hasard sur une maison gantoise conçue par Eysselinck (1907-1953). Comme la maison Lambrechts, qui date de 1939, n'était pas classée, le couple aurait pu y imprimer son cachet. Mais il ne l'a heureusement pas fait. Joris et Gino ont pratiquement tout laissé intact, comme à l'époque d'Eysselinck. Y compris la cuisine et la salle de bains, qui sont très compactes, mais conformes aux normes contemporaines. « Nous n'avons réalisé aucune intervention structurelle. Les circulations et les espaces sont tout à fait comme l'architecte les a imaginés », commente Gino Bulcke. « La maison n'a pas non plus été isolée comme on le prescrit aujourd'hui. C'était impossible à faire sans défigurer l'architecture originale. » L'approche puriste de Joris et Gino ne s'est pas appliquée au mobilier libre. Ils ne vivent donc pas dans une capsule temporelle… encore que l'on trouve chez eux des chaises tubulaires très particulières d'Eysselinck.

Lorsque Gino et Joris ont acheté la maison, elle était vide depuis dix ans et avait bien besoin d'un rafraîchissement. Quelques interventions malheureuses avaient eu lieu depuis 1939, mais aucune ne s'est avérée irréversible. Par exemple, Gino et Joris ont trouvé sous une couche de peinture plastique des années 1950 l'enduit en ciment gratté et les couleurs de peinture d'origine. Les châssis pourris ont été remplacés, un manteau de cheminée rustique a été démoli et l'âme de la maison a été redécouverte. Cela a nécessité des années et une patience d'ange, sans compter un important travail de recherche dans les archives de l'architecte. « Nous avons même visité huit autres de ses maisons », dit Joris. « Restaurer une maison exclut bien des choix d'aménagement. Nous nous sommes adaptés à elle. Pas l'inverse. »

en

Given that the owners didn't want to make any changes to the flow and buildings, the kitchen and bathroom remained compact, certainly compared to contemporary homes.

nl

Gezien de eigenaars niets aan de circulatie en
volumes wilden veranderden, bleven de keuken
en de badkamer compact, zeker vergeleken met
hedendaagse woningen.

fr

Comme les propriétaires ne voulaient rien
changer à la circulation et aux volumes, la
cuisine et la salle de bains sont restées petites,
surtout comparées à celles des habitations
d'aujourd'hui.

architecture ID functionalism *gaston eysselinck* 1939 *bauhaus ghent* le corbusier *tubular furniture*

Poetry in Concrete.

Vierstraete House is *Juliaan Lampens'* out and out approach: a sculptural house in *brick, concrete and glass*, radical through and through.

Houses by Juliaan Lampens (1926-2009) are exceptional, not only in their simplicity and poetic concrete architecture, but because of their unusual way of living within them. From the late 1950s on, this Belgian architect combined influences from Le Corbusier and Japanese architecture in his oeuvre, using board formed concrete, brick, glass and wood. His most radical buildings are austere works of art with a limited number of components. Lampens had a very unusual vision on the comforts of home. Instead of dividing houses up into separate rooms and all sorts of demarcated spaces, he advocated maximum openness. That even extended to spaces where some privacy would normally be expected, such as a toilet, bathroom or bedroom. His vision is also evident in Vierstraete House, built in 1968-69. In the compact kangaroo residence where the grandmother lived, the four children slept upstairs in an open dormitory-style bedroom. The sleeping units are divided only by human-sized wardrobes. 'Living here is intense. The house amplifies all emotions,' says the owner, who bought the home from the Vierstraete family and expertly restored it in 2020. He changed next to nothing in the layout, although nearly all the glass in the house was replaced. The sleeping level remains one open space, but has been given new, terracotta-coloured poured flooring. Fragmenture designed a new ribbon kitchen, inspired by Lampens' material scheme. Since Lampens' original furniture is incredibly rare, the owner had additional wooden furniture made. These custom designs are a tribute to the architect, who is posthumously receiving more and more recognition for his ground-breaking work.

'Living here is quite intense. The house amplifies all emotions, especially in wintertime.'

fr

nl

Woningen van Juliaan Lampens (1926-2009) zijn buiten-gewoon. Niet alleen vanwege hun eenvoud en poëtische betonarchitectuur, maar ook door hun aparte woonfilosofie. De Belgische architect combineerde vanaf de late jaren 1950 invloeden van Le Corbusier en Japanse architectuur in zijn oeuvre. Met planken bekist zichtbeton, baksteen, glas en hout: zijn radicaalste gebouwen zijn sobere kunstwerken met een beperkt aantal bestanddelen. Lampens had een heel aparte visie op wooncomfort. In plaats van huizen op te delen in kamers en allerlei afgebakende ruimtes, pleitte hij voor maximale openheid. Ook in ruimtes waar je normaal wat privacy zou verwachten, zoals een toilet, badkamer of een slaapkamer. Dat merk je ook in Woning Vierstraete uit 1968-1969.

In de compacte kangoeroewoning waar ook grootmoeder woonde, sliepen de vier kinderen boven in één open 'slaapzaal'. De 'slaapunits' zijn er enkel opgedeeld door manshoge kleerkasten. 'Het is hier intens wonen. Het huis versterkt alle emoties', zegt de eigenaar, die de woning van de familie Vierstraete kocht en in 2020 vakkundig restaureerde. Aan de indeling veranderde hij nauwelijks iets. Het glas werd wel bijna overal in de woning vervangen. De slaapverdieping is één open ruimte gebleven, weliswaar met een nieuwe terracottakleurige gietvloer. Fragmenture ontwierp een nieuwe lintkeuken, geïnspireerd op Lampens' materialenpalet. En omdat Lampens' originele meubels uiterst zeldzaam zijn, liet de eigenaar zelf houten meubels bijmaken. Als hommage aan de architect, die postuum meer en meer erkenning krijgt voor zijn baanbrekende werk.

Les habitations de Juliaan Lampens (1926-2009) sont hors du commun. Non seulement en raison de leur simplicité et de leur architecture poétique en béton, mais aussi par la philosophie de l'habitat qu'elles révèlent. À partir de la fin des années 1950, l'architecte belge a combiné dans son œuvre les influences de Le Corbusier et de l'architecture japonaise. Béton coffré apparent, brique, verre et bois : ses bâtiments les plus radicaux sont des chefs-d'œuvre de sobriété créés à partir d'un nombre limité d'éléments. Lampens avait une vision particulière du confort dans l'habitation. Au lieu de diviser ses maisons en pièces et en une série d'espaces contigus, il plaidait pour une ouverture maximale. Y compris dans les pièces normalement très privées, comme les toilettes, la salle de bains ou les chambres. La maison Vierstraete de 1968-1969 illustre bien cette vision.

Dans cet habitat kangourou avant la lettre, compact, où habitait aussi une grand-mère, les quatre enfants vivaient à l'étage dans un « dortoir » ouvert. Les « unités de sommeil » n'y sont séparées que par des placards à vêtements à taille d'homme. « Vivre ici procure un sentiment intense. La maison amplifie toutes les émotions », explique le propriétaire, qui a acheté l'habitation de la famille Vierstraete et l'a restaurée avec un grand savoir-faire en 2020. Il n'a quasiment rien changé à la distribution des espaces. Le verre a été remplacé presque partout dans l'habitation. L'étage des chambres est resté un vaste espace ouvert, même s'il a reçu un nouveau sol coulé couleur terracotta. Fragmenture a dessiné une nouvelle cuisine en longueur, inspirée par la palette de matériaux de Lampens. Et comme les meubles originaux de ce dernier sont extrêmement rares, le propriétaire en a fait fabriquer de nouveaux en bois. En hommage à l'architecte qui est à titre posthume de plus en plus reconnu pour son travail de pionnier.

en

The owners had a few replicas of Lampens'
furniture pieces made for private use.

nl

De tafel is een originele Lampens, maar enkele andere meubels zijn replica's, die de eigenaar liet maken voor eigen gebruik.

fr

Le propriétaire a fait fabriquer quelques répliques de meubles de Lampens pour son usage privé.

architecture ID   brutalism *juliaan lampens* 1968-1969 *concrete*
glass *brick* kitchen by fragmenture
replica furniture

Monumental challenge.

When Silke and Simon wanted to restore their listed brutalist terraced house in Ghent, they engaged the services of *Fritz Schaffrath*, one of the original architects. 'Our message is: *don't be afraid of a listed* building.'

The compact Raman and Schaffrath terraced house, built between 1973 and 1977, is a veritable master class in spatially efficient design. The footprint of the building is barely 60 m², but it has seven storeys, bringing the total living area to a surprising 313 m². The split levels provide interesting vistas, while daylight is given free rein. 'Even though everything is open, the stacked living areas have human proportions. This is not a huge loft that you feel lost in. Everything here is open, but you still feel sheltered,' says Silke Nauwelaerts. In restoration projects involving listed buildings, it is rare that the original architect is still alive. When Silke and Simon wanted to restore their brutalist Raman and Schaffrath terraced house, they tracked down Fritz Schaffrath and engaged his services once more. It added a new dynamic to the discussions with the heritage committees, since Schaffrath was able to corroborate his original intentions. Elaborating on his initial designs, the architect also suggested new solutions offering present-day comforts in the house. 'Fritz thinks living in the past is pointless. Accordingly, in consultations with him and the heritage committees, we updated certain things in the home,' says Silke. Fritz suggested fitting underfloor heating into the existing screed, to replace the old heating. The rubber nub floor in the hallway was reinterpreted as a pebble floor. The water spouts on the front façade were replaced with a rain chain. 'Wherever possible, the home is insulated according to today's standards,' says Simon. 'People sometimes complain that living in a listed house is impossible, but our project proves that present-day comfort can be achieved in a building that is protected from inside and outside. Our message is: don't be afraid of a listed building.'

'People sometimes complain that living in a listed house is impossible, but our project proves that present-day comfort can be achieved in a building that is protected from inside and outside.'

fr

nl

De compacte rijwoning van Raman en Schaffrath, gerealiseerd tussen 1973 en 1977, is een masterclass in ruimte-efficiënt ontwerpen. Het grondoppervlak bedraagt amper 60 m², maar het gebouw telt wel zeven bouwlagen, goed voor maar liefst 313 m² bewoonbare oppervlakte. De split-levels leveren interessante doorzichten op, terwijl het licht er vrij spel heeft. 'Ook al is alles open, toch hebben de gestapelde leefruimtes menselijke proporties. Dit is geen giga loft waarin je verloren loopt. Alles is hier open, maar toch voel je je geborgen', aldus Silke Nauwelaerts. Bij restauratieprojecten van beschermde panden gebeurt het zelden dat de originele architect nog leeft. Toen Silke en Simon hun brutalistische rijwoning van Raman en Schaffrath wilden renoveren, schakelden ze Fritz Schaffrath opnieuw in. Het gaf de discussies met de erfgoeddiensten een nieuwe dynamiek, want Schaffrath kon getuigen over wat origineel zijn bedoeling was.

Meer nog, de architect dacht mee na over nieuwe oplossingen die voor hedendaags comfort konden zorgen in het huis. 'Fritz vindt het zinloos om in het verleden te leven. Dus in samenspraak met hem én de erfgoeddiensten hebben we gerichte updates gedaan in de woning', zegt Silke. Fritz stelde voor om vloerverwarming in de bestaande chape in te slijpen, ter vervanging van de oude verwarmingen. De rubberen noppenvloer in de gang werd geherinterpreteerd als keienvloer. De waterspuwers aan de voorgevel zijn vervangen door een waterketting. 'De woning is zo goed mogelijk geïsoleerd naar de normen van vandaag', zegt Simon. 'Mensen klagen soms dat wonen in een monument onmogelijk is, maar ons project bewijst net dat hedendaags comfort mogelijk is in een pand dat vanbinnen én vanbuiten beschermd is. Onze boodschap is: wees niet bang voor een monument.'

La maison mitoyenne compacte de Raman et Schaffrath, réalisée entre 1973 et 1977, est un chef-d'œuvre en matière d'efficacité spatiale. Le plan au sol couvre à peine 60 m², mais le bâtiment compte sept niveaux, totalisant quelque 313 m² de surface habitable. Les demi-niveaux livrent d'intéressantes vues en transparence et laissent circuler la lumière. « Bien que tout soit ouvert, les pièces de vie empilées ont des proportions humaines. Ce n'est pas un loft géant dans lequel on se sent perdu. Tout communique, mais on a quand même une impression d'intimité », explique Silke Nauwelaerts. Quand on restaure un bâtiment classé, il est rare que l'architecte d'origine vive encore. Lorsque Silke et Simon ont voulu restaurer leur maison brutaliste de Raman et Schaffrath, ils ont à nouveau impliqué Fritz Schaffrath. Cela a donné aux discussions avec les services patrimoniaux une nouvelle dynamique, car Schaffrath pouvait témoigner de son intention originale.

Mieux encore, l'architecte a réfléchi à de nouvelles formules aptes à introduire le confort contemporain dans l'habitation. « Fritz trouve absurde de vivre dans le passé. En collaboration avec lui et les services du patrimoine, nous avons réalisé des mises à jour ciblées », dit Silke. Fritz a proposé d'intégrer un chauffage par le sol dans la chape existante en remplacement de l'ancien système. Le tapis de caoutchouc à pastilles du couloir a été réinterprété en sol de mosaïque. Les « gargouilles » de la façade ont été remplacées par une chaîne de pluie. « La maison a été autant que possible isolée selon les normes actuelles », dit Simon. « Les gens se plaignent de ce que vivre dans un monument est impossible, mais notre projet prouve justement que le confort contemporain est possible dans un bâtiment classé intérieurement et extérieurement. Notre message est qu'il ne faut pas se laisser impressionner par un monument. »

en

Silke and Simon are avid collectors of design,
and perfectly integrated pieces by Castiglione,
Chapo, Piretti, Bellini, Straub, Kjaerholm and
Storms.

nl

Silke en Simon zijn verwoede designverzamelaars,
die stukken van Castiglione, Chapo, Piretti, Bellini,
Straub, Kjaerholm en Storms perfect integreren.

fr

Silke et Simon sont des collectionneurs
de design passionnés, qui intègrent à la
perfection des pièces de Castiglione, Chapo,
Piretti, Bellini, Straub, Kjaerholm et Storms.

en

Subtle vistas in the stairwell connect the
seven floors. 'You have the openness of a loft,
without getting lost.'

nl

fr

Subtiele doorkijkjes in het trappenhuis connecteren
de zeven bouwlagen met elkaar. 'Je hebt hier de
openheid van een loft, zonder dat je verloren loopt.'

Des vues subtiles dans la cage d'escalier relient
les sept étages. « Vous avez l'ouverture d'un loft,
sans vous perdre » .

architecture ID   brutalism *johan raman & fritz schaffrath* 1973 – 1977 *terraced house* listed monument *restored with the original architect* ben storms artemide *camaleonda* pierre chapo *castiglione*

Casa Ronda.

You could call this unique concrete villa the Belgian Giro. Or *Lautner in the Kempen*. Architect Dirk Engelen renovated the *brutalist UFO* into an absolute masterpiece.

ArchitectenWoning is a Belgian estate agency, specialised in property 'with added architectural value'. It is through this agency that Dirk Engelen, co-founder of B-architecten and B-bis architects, came across this unique brutalist gem in Lichtaart. The round house standing on pilotis would seem more likely in California than in the wooded Kempen region of Antwerp. The circular villa is the life's work of relatively unknown architect Jackie Cuylen, built for his brother Jan. They worked on it together for a long six years, since it was a tough job in terms of building requirements. It goes without saying that Cuylen found inspiration in the work of American architect John Lautner, which he saw on a trip to the USA. Structured in concrete discs, Elrod House (1968) is close in concept to Engelen's own Villa Ronda. The circular living areas are arranged around a spiral staircase in the heart of the home. Engelen placed the downstairs entrance hall a little to the outside, creating a ground-floor 'conservatory for contemporary works of art'. In terms of energy, Engelen once again made the home future-proof, without disturbing the architecture. It is an imperceptible exercise in balance that B-bis has pulled off more than once on unusual examples of modern heritage. www.b-architecten.be

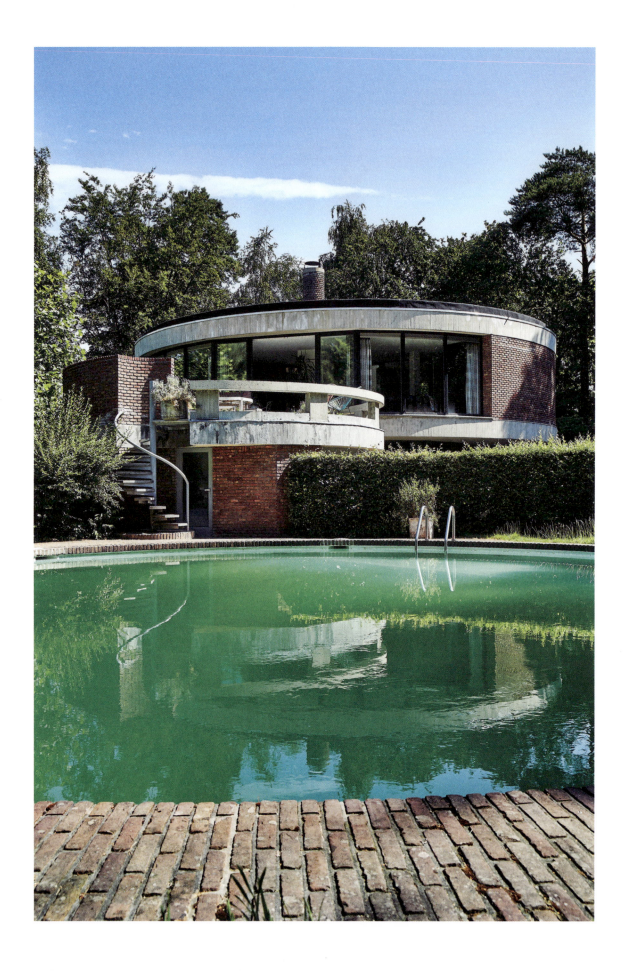

The remarkable concrete disk house would seem more likely in California than in Belgium.

nl

fr

ArchitectenWoning is een Belgisch makelaarskantoor gespecialiseerd in vastgoed 'met architecturale meerwaarde'. Nooit had Dirk Engelen, medeoprichter van B-architecten en B-bis architecten, gedacht dat hij via die weg in Lichtaart op deze unieke brutalistische parel zou stoten. De ronde paalwoning zou je eerder in Californië dan in de Antwerpse Kempen verwachten. De ronde villa is het levenswerk van de onbekende architect Jackie Cuylen voor zijn broer Jan. Maar liefst zes jaar werkten ze er samen aan, want bouwtechnisch was het huis een taaie klus.

Dat Cuylen tijdens een Amerikaanse inspiratietrip naar het werk van de Amerikaanse architect John Lautner heeft gekeken, hoeft geen uitleg. Met zijn opbouw in betonnen schijven ligt Elrod House uit 1968 conceptueel heel dicht bij deze 'Villa Ronda', zoals Engelen zijn eigen huis noemt. De circulaire woonvertrekken zijn rond een draaitrap in het hart van de woning georiënteerd. Beneden verplaatste Engelen de glazen inkom wat naar buiten, zodat een gelijkvloerse 'serre voor hedendaagse kunstwerken' ontstond. Energetisch maakte Engelen de woning weer future proof, zonder de architectuur te verstoren. Een onzichtbare evenwichtsoefening die B-bis architecten al wel vaker heeft ondernomen bij bijzonder modern erfgoed.

ArchitectenWoning est une agence immobilière belge spécialisée dans les biens « à plus-value architecturale ». Jamais Dirk Engelen, co-fondateur de B-architecten et de B-bis architecten, n'aurait pensé qu'il tomberait, par le biais de cette agence, sur ce joyau brutaliste unique, situé à Lichtaart. Cette villa surélevée, de plan circulaire, détonnerait moins en Californie que dans la Campine anversoise. Elle est l'œuvre majeure d'un architecte inconnu, Jackie Cuylen, pour son frère Jan. Ils y ont travaillé ensemble pendant six ans, car du point de vue technique, ce chantier n'était pas une mince affaire.

Inutile de dire que Cuylen a observé l'œuvre de l'Américain John Lautner lors d'un voyage d'inspiration outre-Atlantique. Cette « Villa Ronda », comme Engelen la nomme, est avec sa structure en disques de béton conceptuellement très proche de l'Elrod House, conçue en 1968. Les pièces de vie sont agencées autour d'un escalier en colimaçon qui représente le pivot de l'habitation. En bas, Engelen a légèrement fait ressortir l'entrée vitrée, créant ainsi une « serre pour œuvres contemporaines ». Du point de vue énergétique, il a rendu l'habitation « durable » sans que cela perturbe l'architecture. Un exercice d'équilibre invisible que le bureau B-bis architecten a déjà souvent effectué pour des bâtiments modernistes particuliers.

en

Without disturbing the original architecture,
architect Dirk Engelen extended the
downstairs entrance hall slightly to the
outside, creating a ground-floor conservatory
for his collection of contemporary art.

nl

Zonder de oorspronkelijke architectuur te
verstoren, verplaatste architect Dirk Engelen de
inkomhal op het gelijkvloers een beetje naar buiten,
en creëerde zo een glazen huis voor zijn collectie
hedendaagse kunst.

fr

Sans compromettre l'architecture originale,
l'architecte Dirk Engelen a légèrement poussé
l'entrée du rez-de-chaussée vers l'extérieur,
créant ainsi un écrin de verre pour sa
collection d'art contemporain.

architecture ID   brutalism *jackie cuylen* late 70s *concrete disks* john lautner *californian modernism* philippe metten *de sede* konstantin grcic

Into the Wild.

A forgotten concrete house *in the woods* around Bruges was given a new lease on life thanks to an aesthetically inclined couple who had both good *taste and patience*.

Sauvage was definitely the right word for it. When Thomas Serruys first saw the Loppem home built by Marc Dessauvage (1931-1984) for sale, it was completely overgrown by shrubs and trees that had almost pushed their way inside. The architect's home was so dilapidated and damp inside that the windows were falling out. And yet Thomas and his girlfriend, architect Katharina Smalle, fell in love at first sight. With great difficulty, they restored the listed brutalist building to its authentic state. 'All the woodwork has been renewed, exactly according to the original plans. And thanks to the new underfloor heating, the house was able to dry out completely,' Serruys tells us. 'We discovered in the old plans that Dessauvage had intended to have an exterior staircase, which was never built. The concrete steps were supposed to lead to a roof garden full of plants.' Dessauvage designed his own private home in 1972, but it was only completed in 1978-1980, shortly before he died. The concrete house was built above a marshy pond, so that nature literally runs underneath it, just as in 'Falling Water' by Frank Lloyd Wright. Dessauvage's modernist church architecture shines through in the floor plan: a cruciform with window openings on the corners. That cross is repeated in the concrete formwork in the interior. 'But this house doesn't feel like a bunker. Vistas open up domestic communication between the living areas.'

'We discovered in the old plans that Dessauvage had intended to have an exterior staircase, which was never built. The concrete steps were supposed to lead to a roof garden full of plants.'

fr

nl

'Sauvage' was het woord wel. Toen Thomas Serruys de privéwoning van Marc Dessauvage (1931-1984) in Loppem te koop zag staan, was die helemaal overwoekerd door struiken en bomen die bijna binnen groeiden. Vanbinnen was de architectenwoning zo vervallen en vochtig dat de ramen eruit vielen. Toch waren Thomas en zijn vriendin, architecte Katharina Smalle, op slag verliefd. Ze restaureerden met veel moeite het beschermde brutalistische pand in authentieke staat. 'Al het schrijnwerk is vernieuwd, exact volgens de originele plannen. En dankzij de nieuwe vloerverwarming kon het huis helemaal uitdrogen', aldus Serruys. 'Op de oude plannen hebben we ontdekt dat Dessauvage een buitentrap voorzien had. Die werd echter nooit uitgevoerd. De betonnen trap moest leiden naar een daktuin vol planten.'

De architect ontwierp zijn eigen privéwoning in 1972, maar ze werd pas gerealiseerd in 1978-1980, kort voor zijn dood. De betonwoning is boven een moerassige vijver gebouwd, waardoor de natuur er letterlijk onderdoor loopt, net als bij 'Falling Water' van Frank Lloyd Wright. In het grondplan schemert Dessauvages modernistische kerkarchitectuur door: het toont een kruis met raamopeningen op de hoeken. Dat kruismotief komt ook terug in het bekiste beton in het interieur zelf. 'Toch voelt dit huis niet als een bunker. Doorkijkjes zorgen voor huiselijke communicatie tussen de woonruimtes.'

« Sauvage » était le juste mot. Lorsque Thomas Serruys a vu la maison privée de Marc Dessauvage (1931-1984) à Loppem lors de sa mise en vente, elle était envahie de buissons et d'arbres qui poussaient presque jusqu'à l'intérieur. Cette maison d'architecte était si délabrée et humide que les châssis se désintégraient. Pourtant, Thomas et son amie, l'architecte Katharina Smalle, ont eu le coup de foudre. Non sans peine, ils ont restauré ce bâtiment brutaliste classé pour lui redonner son état authentique. « Toute la menuiserie a été rénovée, exactement selon les plans originaux. Et grâce au nouveau système de chauffage par le sol, la maison a pu sécher rapidement », explique Serruys. « Sur les vieux plans, nous avons découvert que Dessauvage avait prévu un escalier extérieur, qui n'avait jamais été exécuté. L'escalier en béton devait conduire à une terrasse de toiture couverte de plantes. »

L'architecte a conçu sa propre maison en 1972, mais elle n'a été réalisée qu'en 1978-1980, peu avant sa mort. Comme ce bâtiment en béton a été construit au-dessus d'un étang marécageux, la nature passe littéralement en dessous, comme dans le cas de la maison « Falling Water » de Frank Lloyd Wright. Le plan au sol évoque l'architecture religieuse : il dessine une croix percée d'ouvertures dans les angles. Ce motif se retrouve dans le béton coffré utilisé à l'intérieur. « Pourtant, cette maison n'a rien d'un bunker. Des transparences créent une communication conviviale entre les espaces. »

en

Dessauvage's modernist church architecture
shines through the cruciform floor plan window
openings on the corners. That cross is repeated
in the concrete formwork in the interior.

nl

Dessauvages modernistische kerkarchitectuur
komt tot uiting in de plattegrond, die kruisvormig
is met raamopeningen op de hoeken. Dat kruis
wordt herhaald in de betonnen bekisting in
het interieur.

fr

L'architecture d'église moderniste de
Dessauvage transparaît dans le plan, cruciforme
et percé de fenêtres aux angles. Le motif de
la croix est répété dans le coffrage en béton
de l'intérieur.

architecture ID   brutalism *marc dessauvage* 1978-1980 *concrete* architect of religious buildings *thomas serruys* pierre chapo *renaat ramon* wouter hoste

That Seventies Flow.

Although she was actually looking for an *interbellum home*, Ellen van Antwerpen fell head over heels in love with this *James Bond-like villa*, built in 1978 by architect Etienne De Pessemier.

Ellen's surname is a misnomer; she does not, in fact, live in Antwerp proper, but near where she grew up: on the outskirts of Schilde, a wooded suburb. An entrepreneur who runs the baby concept store Babyluff, Ellen came across a brick villa after a tip from the founder of Immodôme, an estate agency that often has architectural heritage for sale. Ellen had actually been dreaming of an interbellum house, but this funky 1978 villa designed by Etienne De Pessemier also ticked a lot of boxes. Known for his spacious residential villas with unusual interior-exterior relationships, De Pessemier founded architecture firm Arcon. He also designed the open-air school in Brasschaat and the brutalist Customs building that was demolished to make room for the Antwerp Cadiz district. The villa includes several typical features of De Pessemier: spaciousness, abundant light, the floating stairs and the oversized, rhythmical fenestration. Since the structure, materials and flow were in fine condition, Ellen Van Antwerpen and her husband changed nothing there. They came up with a smart, affordable solution for the white kitchen: they covered the existing Formica cabinet fronts with a leather-look foil. What Van Antwerpen particularly liked was that the home had lots of nooks and crannies. As a former visual merchandiser, she had no trouble furnishing it with her personal mix of vintage, pop art and curiosities.

The villa includes several architectural features characteristic of De Pessemier: spaciousness, abundant light, the floating stairs and the oversized, rhythmical fenestration.

fr

nl

Haar naam is maar schijn. Ellen Van Antwerpen woont niet in de stad Antwerpen, maar aan de rand van Schilde, de bosrijke randgemeente waar ze opgroeide. Deze onderneemster, die de babyconceptstore Babyluff uitbaat, stootte er op een baksteenvilla, die ze getipt kreeg van de oprichtster van Immodôme, een immobiliënkantoor dat wel vaker architecturaal erfgoed verkoopt. Eigenlijk droomde Ellen van een interbellum-woning, maar deze funky villa uit 1978 – ontworpen door Etienne De Pessemier – vinkte ook veel vakjes aan. De architect staat bekend om zijn spatieuze residentiële villa's met een bijzondere binnen-buitenrelatie. De Pessemier, oprichter van architectenbureau Arcon, ontwierp ook de openluchtschool in Brasschaat en het brutalistische douanegebouw, dat werd afgebroken om het Antwerpse stadsdeel Cadiz te realiseren.

Typisch De Pessemier zijn hier de ruimtelijkheid, het overvloedige licht, de zwevende trap en de heel grote, geritmeerde raampartijen. Aangezien de structuur, materialiteit en circulatie goed zaten, veranderden Ellen Van Antwerpen en haar man daar niks aan. Voor de witte keuken bedachten ze een slimme budgetoplossing: ze bekleedden de bestaande formica kastfronten met een folie in lederlook. Wat Van Antwerpen vooral beviel: de cosy woning had veel 'hoekjes en kantjes'. Als voormalig visual merchandiser kon ze die moeiteloos inrichten met haar persoonlijke mix van vintage, popart en rariteiten.

Son nom est trompeur. Ellen Van Antwerpen n'habite pas à Anvers, mais à la périphérie de Schilde, la banlieue boisée où elle a grandi. Cette entrepreneuse, qui a créé le concept store pour bébés Babyluff, y a trouvé cette villa de briques grâce à la fondatrice d'Immodôme, un bureau immobilier spécialisé dans les habitations de caractère. Ellen rêvait en réalité d'une habitation de l'entre-deux-guerres, mais cette villa funky datant de 1978 – conçue par Etienne De Pessemier – remplissait aussi beaucoup de cases. L'architecte est connu pour ses villas résidentielles spacieuses, où intérieur et extérieur sont étroitement connectés. Fondateur du bureau d'architectes Arcon, De Pessemier a également conçu l'école en plein air de Brasschaat et le bâtiment brutaliste des douanes, depuis lors démoli au profit du quartier Cadiz à Anvers.

Le traitement de l'espace, l'abondance de lumière, l'escalier flottant et les grandes fenêtres rythmées sont autant d'éléments typiques de De Pessemier que l'on retrouve ici. Comme la structure, les matériaux et la circulation étaient à leur goût, Ellen Van Antwerpen et son mari n'y ont rien changé. Pour la cuisine blanche, ils ont trouvé une solution « petit budget » intelligente : ils ont revêtu les fronts d'armoires en formica d'une feuille de similicuir. Mais ce qui plaisait surtout à Ellen, c'était les nombreux coins et recoins du lieu. En tant qu'ancienne visual merchandiser, elle les a aménagés sans peine avec un mélange personnel de vintage, de pop art et de raretés.

en

This mid-century house with funky
conversation pit begged a relaxed interior
with just touches of colour.

nl

Het mid-century huis met funky zitput vroeg
om een relaxt interieur met enkele kleurrijke
toetsen.

fr

La maison du milieu du siècle et son salon
enfoncé très funky demandaient un décor
informel, avec quelques touches de couleur.

architecture ID   belgian modernism *etienne de pessemier*
1978 *split level* arcon *pop art* gae aulenti
brick architecture

Concrete Paradise.

Eva and Jef – the founders of vintage design firm *Daddy Deco* – had never imagined they would be able to find a *brutalist house* that would be affordable... let alone one that had so many *original features* preserved.

'The original architect, Paul de Roo, is not well-known. But his architectural language really appealed to us,' says Eva. 'The house, built in 1972, had barely been tampered with. The concrete was still in its rough, unpainted condition. And there wasn't a false ceiling anywhere. We both loved De Roo's blend of brutalist concrete and wood. And even though the interior wasn't our thing at all, we still felt at home here from the start,' says Eva. That vibe was soon quashed when the first rainfall came and the roof turned out to leak like a sieve. 'The renovation ended up costing a lot more than planned anyway. But we have no regrets,' says Jef. One of the major changes made was the new kitchen. 'The original one was carried out in blue-grey Eternit fibre cement sheets, but we felt that was too cold for the house. We wanted a kitchen in a warmer, natural material: wood. The bathroom will have to wait for a major overhaul,' Eva admits. The home turned out to be rewarding to furnish too. 'Thanks to our large Daddy Deco stock, the interior changes regularly. But pieces in flashy colours don't work as well here as they did in our former 1960s apartment,' says Eva. 'Modern furniture in wood shades works best here.'

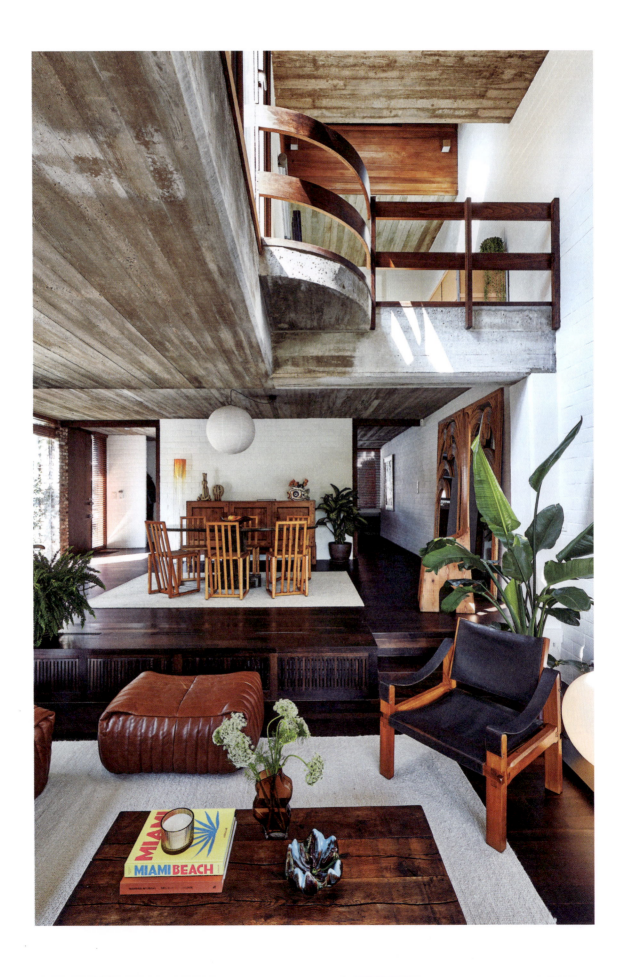

'We both loved Paul De Roo's blend of brutalist concrete and wood. And even though the interior wasn't our thing at all, we still felt at home here from the start.'

nl

'De oorspronkelijke architect, Paul De Roo, is geen ronkende naam. Maar zijn architectuurtaal sprak ons wel enorm aan', zegt Eva. 'Er was nauwelijks geprutst aan de woning uit 1972. Het beton was nog in zijn ongeschilderde, ruwe staat. En er waren nergens valse plafonds te bespeuren. De oorspronkelijke combinatie van bruut beton met hout vonden wij allebei fantastisch. Ook al was de inrichting totaal ons ding niet, toch hadden we hier meteen een thuisgevoel', zegt Eva. Die vibe werd al snel de kop ingedrukt toen bij de eerste regenbui het dak compleet lek bleek. 'De renovatie viel sowieso een pak duurder uit dan gepland. Maar spijt hebben we niet', zegt Jef.

Een van de grote ingrepen was de nieuwe keuken. 'De oorspronkelijke was uitgevoerd in blauwgrijze eternietplaten. Maar dat vonden we te kil voor het huis. We voelden meer voor een keuken in een warmer, natuurlijk materiaal: hout. De badkamer moet nog even wachten op een grote beurt', geeft Eva toe. De woning blijkt ook dankbaar om te decoreren. 'Dankzij onze grote stock van Daddy Deco fluctueert de inrichting heel regelmatig. Maar stukken in flashy kleuren werken hier niet zo goed als in ons vroegere 60s appartement', zegt Eva. 'Hier komen moderne meubels in houttinten het beste tot hun recht.'

fr

« L'architecte d'origine, Paul De Roo, n'est pas un grand nom. Mais son style nous plaisait énormément », déclare Eva. « On avait à peine touché à l'habitation de 1972. Le béton était encore dans son état brut, non peint. On n'avait posé aucun faux plafond. Nous trouvions cette association de béton et de bois formidable. Même si nous n'aimions pas la décoration, nous nous sommes tout de suite sentis chez nous. » Cet emballement a été freiné quand, à la première pluie, il s'est avéré que la toiture fuyait. « La rénovation a coûté beaucoup plus cher que prévu. Mais nous ne le regrettons pas », raconte Jef.

L'une des grandes interventions a concerné la cuisine. « La première était faite de plaques d'Eternit gris-bleu. Mais nous trouvions ça trop froid pour la maison. Nous avions envie d'un matériau naturel, plus chaud, comme le bois. La salle de bains, elle, attendra encore un peu sa restauration », explique Eva. L'habitation est aussi agréable à décorer. « Grâce à notre important stock de Daddy Deco, l'aménagement varie très régulièrement. Mais les objets aux couleurs flashy ne fonctionnent pas aussi bien que dans notre ancien appartement des années 1960 », dit Eva. « Ici, ce sont les meubles modernes dans des teintes boisées qui conviennent finalement le mieux. »

en

This brutalist house with warm interior
features lent itself perfectly to lived-in design
pieces in natural materials such as wood,
rattan or leather.

nl

Het brutalistische huis met warme
interieurelementen leent zich perfect voor
doorleefde designstukken in natuurlijke
materialen als hout, rotan of leder.

fr

Avec ses éléments intérieurs chaleureux, la
maison brutaliste était idéale comme cadre
pour des pièces de design patinées, dans des
matériaux naturels comme le bois, le rotin
ou le cuir.

architecture ID brutalism *paul de roo* 1972 *daddy deco* concrete
giovanni pasotto pierre chapo *mario ceroli*

Modernissimo.

Damian O'Sullivan wasn't particularly looking for an *interbellum house* in Brussels, but when this *gem by Charles Van Nueten* crossed his property-seeking path, he didn't hesitate.

'I might just as easily have bought a house from the 1980s, or a 1950s bungalow. I'm not particularly obsessed by a specific modern style,' says designer Damian O'Sullivan, well-known for his designs for such brands as Delvaux, Hermès, Louis Vuitton and Philips. However, he immediately sensed the potential of this 1936 house, designed by Charles Van Nueten (1899-1989), an influential Brussels architect who also taught at *La Cambre* from 1936. 'The house won the Van de Ven Architecture Prize,' O'Sullivan tells us. 'Everything was very solidly built. The door jambs are steel and the central heating was built into the walls. Most unusual for that time.' Even though nothing was changed to the flow, many original architectural features have been lost over time. For example, the steel windows had been replaced by aluminium. 'The black façade tiles had also disappeared, but thanks to their imprint in the cement layer, we were able to ascertain the original format. That allowed us to restore the façade.' O'Sullivan carried out the renovation very carefully. Decorating his home took time and a certain maturity. 'At first, I wanted to furnish it really eclectically, but it always seemed to lack cohesion,' he tells us. 'It wasn't until I started putting in classic pieces by Gispen and Auping that it came together.'

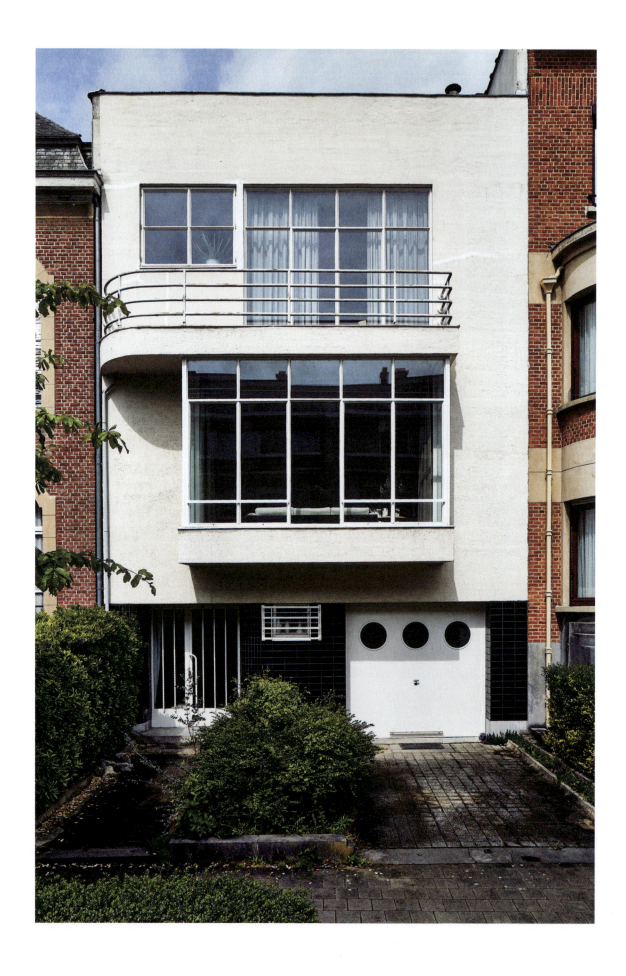

'Everything was very solidly built. The door jambs are steel and the central heating was built into the walls. Most unusual for that time.'

fr

nl

'Ik had evengoed een woning uit de jaren 1980 of een fifties bungalow kunnen kopen. Ik ben niet bepaald geobsedeerd door een bepaalde moderne stijl', zegt designer Damian O'Sullivan, bekend om zijn ontwerpen voor onder meer Delvaux, Hermès, Louis Vuitton en Philips. Toch voelde hij meteen de kracht van deze woning uit 1936, ontworpen door Charles Van Nueten (1899-1989), een invloedrijke Brusselse architect die vanaf 1936 ook lesgaf aan La Cambre. 'De woning won de Architectuurprijs Van de Ven', weet O'Sullivan. 'Alles is heel degelijk gebouwd. De deurkaders zijn in staal uitgevoerd en de centrale verwarming werd ingeslepen in de muren. Heel ongewoon voor die tijd.'

Ook al werd er aan de circulatie niet gesleuteld, toch waren mettertijd heel wat originele architectuurelementen verloren gegaan. Zo waren de stalen ramen bijvoorbeeld vervangen door aluminium. 'Ook de zwarte façadetegels waren verdwenen, maar door hun afdruk in de cementlaag konden we nog het originele formaat ervan afleiden. Zo konden we de gevel restaureren.' O'Sullivan pakte de renovatie heel omzichtig aan. De decoratie van zijn woning vergde tijd en rijping. 'Ik wou het eerst heel eclectisch inrichten, maar het miste telkens wat samenhang', zegt de designer. 'Pas toen ik er historische stukken van Gispen en Auping in zette, klopte het beter.'

« J'aurais aussi bien pu acheter une habitation des années 1980 ou même un bungalow des années 1950. Et je ne suis pas particulièrement obsédé par un style moderne spécifique », raconte le designer Damian O'Sullivan, connu par ses projets pour Delvaux, Hermès, Louis Vuitton, Philips et d'autres. Pourtant, il a immédiatement senti le potentiel de cette construction de 1936, un projet de Charles Van Nueten (1899-1989), influent architecte bruxellois qui, à partir de cette même année, enseigna aussi à la Cambre. « L'habitation a remporté le prix Van de Ven », explique O'Sullivan. « Tous les éléments sont d'excellente qualité. Les encadrements de porte ont été réalisés en acier et le chauffage central était intégré dans les murs. À l'époque, ce n'était pas courant. »

Même si on n'avait pas touché aux circulations, beaucoup d'éléments architecturaux d'origine s'étaient perdus avec le temps. Par exemple, les fenêtres en acier avaient été remplacées par de l'aluminium. « Les tuiles noires de la façade avaient également disparu, mais nous avons pu retrouver leur format original grâce à leur empreinte dans le ciment. Cela nous a permis de restaurer ces surfaces. » O'Sullivan a abordé la rénovation avec beaucoup de prudence. La décoration de son habitation a exigé du temps et de la réflexion. « Je voulais d'abord l'aménager de manière éclectique, mais j'avais peur que cela manque de cohérence », dit le designer. « Cela s'est amélioré à partir du moment où j'ai intégré des pièces anciennes de Gispen et d'Auping. »

en

Damien O'Sullivan lives in an interbellum decor
filled with vintage design, Bauhaus furniture
and contemporary art.

nl

Damien O'Sullivan woont in een interbellum
decor vol vintage design, Bauhaus meubilair
en hedendaagse kunst.

fr

Damien O'Sullivan habite un décor
de l'entre-deux-guerres rempli de design
vintage, de mobilier Bauhaus et d'art
contemporain.

architecture ID   modernism *charles van nueten* 1936 *la cambre* van de ven architecture award *gispen* auping *tubular furniture* gerrit rietveld

In Concreto.

The home of artist *Jef Stuyven* lies hidden in the green belt around Leuven. It looks like an impregnable bunker, but beneath the *brutalist shell* lies a clearly visualised design.

Standing in Holsbeek in front of this unique concrete house from 1970, the very least you can say about it is that it's impressive. Every bit as impressive is the steeply inclining forest that rises up right behind the rear façade. The mutual balance achieved between the sculptural concrete villa and the stunning nature: therein lies the magic of Villa Stuyven. 'The house consists of linked spaces, each letting nature and light enter in its own way,' says owner Bram Kerkhofs, product designer and teacher. The massive house was commissioned by artist Jef Stuyven, father of musician Daan Stuyven, and built by architecture firm Vanderbiest & Reynaert in Leuven. 'It was damp and stuffy here and the wind blew right in. But still, the house appealed to me instantly,' Kerkhofs tells us. 'You don't buy a house like this to use as a tabula rasa. We immediately felt responsible for preserving it. We consciously tackled the renovation at a gentle pace, to prevent us from making any hasty, irreversible decisions. The house is humble in relation to the surrounding nature. And we wanted to take a humble attitude towards the house.' 'The woodwork on the windows has been fully renewed, but the fittings were restored. The kitchen cabinets were copied from the old model, but in a better wood,' explains Bram's wife, Lore Baeyens. 'We didn't want an open-plan kitchen. It wouldn't be in line with the soul of the house. We live here as the architects originally intended. But we have softened that hardness of the house's appearance with tactile materials and furniture we designed ourselves. We want to open the home as a studio to as many artists and creative people as possible. Film-makers, dancers, writers, artists, designers: they can recharge the house with new energy, just as we do.'

'We didn't want an open
kitchen. That wouldn't be in
line with the soul of the house.
We live here as the architects
originally intended.'

fr

L'adjectif qui vient à l'esprit quand on se trouve face à cette
exceptionnelle habitation en béton de 1970 à Holsbeek, c'est
« imposant ». Le bois très pentu qui débute juste derrière
la façade arrière n'est pas moins impressionnant. Mais
c'est dans la façon dont cette villa sculpturale et la nature
exubérante se tiennent en équilibre que réside la magie de la
villa Stuyven. « La maison se compose de volumes connectés
qui attirent chacun à leur manière la lumière et la nature », dit
le propriétaire, Bram Kerkhofs. Cette maison massive a été
construite par le bureau d'architectes louvaniste Vanderbiest
& Reynaert à la demande de l'artiste Jef Stuyven, père du
musicien Daan Stuyven. « Le lieu était humide et plein de
courants d'air. Malgré cela, la maison m'a immédiatement
attiré », raconte Kerkhofs, product designer et enseignant.
« On n'achète pas ce genre d'habitation pour en faire table
rase. Nous nous sommes tout de suite sentis responsables
de sa mise en valeur. Nous l'avons volontairement restaurée
lentement, pour qu'aucune décision hâtive, irréversible, ne soit
prise. La maison est humble face à la nature environnante,
nous voulions également nous montrer humbles face à elle. »

« La menuiserie a été entièrement rénovée, mais les
quincailleries ont été conservées. Les armoires de cuisine ont
été reproduites d'après l'ancien modèle, mais dans un meilleur
bois », raconte l'épouse de Bram, Lore Baeyens. « Nous n'avions
pas besoin d'une cuisine ouverte. Cela ne correspond pas à
l'âme du projet. Nous vivons ici de la façon dont les architectes
l'imaginaient. Mais nous avons tout de même adouci la dureté
que le lieu dégage au moyen de matériaux tactiles et de
mobilier fait maison. Nous voulons aussi ouvrir le plus possible
notre habitation aux artistes ou à des gens qui ont envie de s'y
montrer créatifs. Réalisateurs, danseurs, écrivains, peintres,
designers : tous peuvent la charger d'une nouvelle énergie.
Juste comme nous. »

nl

Imposant is het minste wat je kunt zeggen als je voor deze
unieke betonwoning uit 1970 in Holsbeek staat. Minstens
even indrukwekkend is het sterk hellende bos, dat pal aan de
achtergevel begint. De manier waarop de sculpturale betonvilla
en de overweldigende natuur elkaar in evenwicht houden:
daarin schuilt de magie van Villa Stuyven. 'Het huis bestaat uit
aaneengeschakelde volumes, die elk op hun manier het licht en
de natuur naar binnen trekken', zegt eigenaar Bram Kerkhofs.
Het massieve huis is gebouwd door het Leuvense architectenbureau Vanderbiest & Reynaert in opdracht van kunstenaar
Jef Stuyven, de vader van muzikant Daan Stuyven. 'Het was
hier muf en vochtig, het waaide binnen. Maar toch sprak het
huis me meteen aan', zegt Kerkhofs, product designer en
docent. 'Je koopt zo'n woning niet om er tabula rasa mee te
doen. We voelden ons meteen verantwoordelijk om het in ere
te houden. De renovatie pakten we bewust traag aan, zodat we
geen overhaaste, onomkeerbare beslissingen zouden maken.
Het huis is nederig ten opzichte van de omringende natuur.
We wilden ons ook nederig opstellen tegenover de woning.'

'Het raamschrijnwerk is wel volledig vernieuwd, maar het
beslag werd gerestaureerd. De keukenkasten zijn nagemaakt
naar het oude model, maar dan in beter hout', vertelt Brams
vrouw, Lore Baeyens. 'Een open keuken hoefden we niet.
Dat past niet bij de ziel van het huis. We leven hier zoals de
architecten het oorspronkelijk bedoelden. Maar de hardheid
die het huis uitstraalt, hebben we wel verzacht met tactiele
materialen en zelfontworpen meubilair. We willen de woning
ook zo veel mogelijk openstellen voor artiesten of mensen die
hier iets creatiefs willen doen. Filmmakers, dansers, schrijvers,
kunstenaars, designers: zij kunnen het huis opladen met
nieuwe energie. Net als wij.'

en

Bram and Lore try to file down the edges
of their impressive concrete box with soft
materials and rounded shapes.

nl

Met zachte materalen en afgeronde vormen trachten Bram en Lore de scherpte randjes van hun imposante betondoos af te veilen.

fr

Bram et Lore ont tenté, avec des matériaux tendres et des formes arrondies, d'adoucir les angles de leur imposante boîte en béton.

architecture ID   brutalism *vanderbiest & reynaert architects*
1970s *daan stuyven* bram kerkhofs *artist's home*
concrete versus nature

Simplexity.

Design dealer Alexis Vanhove was very familiar with who *Christophe Gevers* (1928-2007) was. When the studio home of that *legendary* Belgian designer and interior architect went up *for sale* in 2020, Alexis and his wife didn't take long to decide.

The house in Ohain, in Walloon Brabant, is a self-portrait of Gevers and of his unique way of working. In order to understand him better, you first have to take a look in the basement. That's where Gevers had his studio full of machines and tools, with which he made prototypes, scale models and products. Along the way, he discovered the simplest, most efficient and most poetic solutions for his products and interiors. He was well-known in Brussels for his interior architecture in large bank buildings and famous restaurants such as Canterbury, Marie Joseph and *Au Vieux Saint Martin*. Sadly, few of his private and public interiors have remained intact. And that's exactly what makes his studio home so unique. Built in Ohain in 1962, this is where you see Gevers experimenting with the space, in dialogue with nature, which was his greatest source of inspiration. In his own house, it is striking to see just how refined simplicity can be. The whole house is filled with simple but well-crafted details, carried out in the simplest of materials. 'Look at that hand-painted serving hatch. Or the banister rail, made from ships rope. The brickwork library, where the shelf supports consist of bricks that jut out. The carport, consisting of two simple tarps. The fireplace, which is actually just a row of metal tubes with spaces in between. The kitchen cabinets, made from U-shaped profiles, into which plexiglass sliding doors are fitted,' says Vanhove. 'And have you seen his system for hanging pictures? He affixed double-glass panels to the walls, which can be unscrewed to put photos or works of art between. It doesn't get any simpler.'

'This house is simple, discreet and not at all ostentatious. It does not stand out, and that is what we love about it.'

Het huis in het Waals-Brabantse Ohain is een zelfportret van Gevers én van zijn unieke manier van werken. Om hem zo goed mogelijk te begrijpen, moet je eigenlijk eerst in de kelder rondkijken. Daar had Gevers immers zijn atelier vol machines en gereedschap, waarmee hij zelf prototypes, maquettes en producten maakte. Al doende kwam hij uit bij de simpelste, efficiëntste en meest poëtische oplossingen voor zijn producten of interieurs. In Brussel is Gevers bekend om zijn inrichtingen van grote bankgebouwen of beroemde restaurants zoals Canterbury, Marie Joseph en Au Vieux Saint Martin. Helaas zijn weinig van zijn private en publieke interieurs intact bewaard gebleven.

Net dat maakt zijn atelierwoning in Ohain, gebouwd in 1962, zo uniek. Hier zie je Gevers live experimenteren in de ruimte, in dialoog met de natuur, zijn grootste inspiratiebron. In zijn huis valt op hoe geraffineerd eenvoud kan zijn. Het hele huis zit vol simpele, maar doordachte details, uitgevoerd in de eenvoudigste materialen. 'Kijk naar die handgeschilderde passe-plat. Of naar de trapleuning, gemaakt van scheepstouw. De gemetselde bibliotheek, waarbij de legplanken steunen op bakstenen die uitspringen. De carport, bestaande uit twee simpele zeilen. De open haard, eigenlijk gewoon een rij metalen buizen met spaties tussen. De keukenkasten, gemaakt van U-profielen, waarin plexiglazen schuifdeurtjes passen', zegt Vanhove. 'En heb je zijn systeem gezien om kunst op te hangen? Aan de wanden bevestigde hij dubbele glasplaten, die je uit elkaar kunt vijzen om foto's of kunstwerken tussen te steken. Eenvoudiger kan niet.'

Cette maison d'Ohain, dans le Brabant wallon, est un autoportrait de Gevers et de sa façon unique de travailler. Pour la comprendre au mieux, l'idéal est de commencer par visiter la cave. C'est là que Gevers avait aménagé un atelier rempli de machines et d'outils avec lesquels il concevait lui-même des prototypes, des maquettes et des produits finis. Ce faisant, il en arrivait aux solutions les plus simples, les plus efficaces et les plus poétiques pour ses objets ou ses intérieurs. À Bruxelles, Gevers est connu pour l'aménagement de grandes banques ou de restaurants réputés comme le Canterbury, le Marie-Joseph et le Vieux Saint-Martin. Malheureusement, peu de ses intérieurs privés ou publics ont été gardés intacts.

C'est justement ce qui rend sa maison-atelier d'Ohain, construite en 1962, si unique. Ici, vous voyez Gevers expérimenter en direct avec l'espace, en dialogue avec la nature, sa principale source d'inspiration. La façon dont simplicité peut rimer avec raffinement frappe également. La maison entière regorge de détails simples, mais bien pensés, exécutés dans les matériaux les plus humbles. « Regardez ce passe-plat peint à la main. Ou la rampe d'escalier, faite de cordage. La bibliothèque maçonnée, dont les planches reposent sur des briques saillantes. Le carport, fait de deux simples toiles. Le feu ouvert, qui n'est en fait qu'une rangée de tuyaux métalliques espacés. Les armoires de cuisine et leurs profilés en U, dans lesquels s'adaptent des portes coulissantes en plexiglas », énumère Vanhove. « Et vous avez vu son système pour suspendre des œuvres d'art ? Des feuilles de verre doubles fixées aux murs, que l'on peut dévisser pour y glisser des photos ou des œuvres. Plus simple que ça, il n'y a pas. »

en

Christophe Gevers always took as his starting
point the manufacturability and practical use
of both interiors and interior objects.

nl

Christophe Gevers vertrok altijd vanuit de
maakbaarheid en het praktische gebruik, zowel van
interieurs als van interieurobjecten.

fr

Christophe Gevers partait toujours de la
faisabilité et de l'usage pratique, que ce soit
pour les intérieurs ou les objets garnissant
ceux-ci.

architecture ID belgian modernism *christophe gevers* 1962
interior architect *architect's house* canterbury
au vieux saint martin

h( )mes

for modernists

PHOTOGRAPHY
Jan Verlinde

TEXT
Thijs Demeulemeester

GRAPHIC DESIGN
Elvire Delanote

TRANSLATION
Anne-Laure Vignaux FR
Lizzie Kean EN

EDITING
Sabine van Humbeeck NL
Cécile Wastiaux FR
Joy Phillips EN

PROOFREADING
Lyroo Translations

© Jan Verlinde & Thijs Demeulemeester
© Lannoo Publishers, Belgium, 2023
D/2023/45/542 – NUR 450/454
ISBN 9789401497022
www.lannoo.com

IN THE SAME SERIES
Homes for Nomads ISBN 9789401477437
Homes for Collectors ISBN 9789401486125

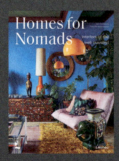

If you have any questions or comments about
the material in this book, please do not hesitate
to contact our editorial team: art@lannoo.com

homes   for   modernists